Für Mike.

„Someone said I´ll never see your face again.
Part of me just can´t believe it´s true.“

Foo Fighters

Alexander Klymchuk

Schattenseiten

Rediroma-Verlag

Bibliografische Information der Deutschen Nationalbibliothek:
Die Deutsche Nationalbibliothek verzeichnet diese Publikation in der Deutschen Nationalbibliografie; detaillierte bibliografische Daten sind im Internet über http://portal.dnb.de abrufbar.

ISBN: 978-3-98527-712-4

Lektorat: Petra Ihm-Fahle
https://schreiben-in-bad-nauheim.de/

www.rediroma-verlag.de
14,95 Euro (D)

„Leben ist nur ein wandelnd Schattenbild."
William Shakespeare (1564 - 1616)

„Schatten wird aus Licht geboren."
John Gay (1685 - 1732)

Inhalt:

Festtagsrituale	Seite 9
Morgengrauen	Seite 15
Teufelswerk	Seite 41
Namagashi	Seite 47
Gegenübertragung	Seite 67
Blutacker	Seite 95
Invictus	Seite 114
Himmelskörper	Seite 145
Schlachtrufe	Seite 153
Kreuzweg	Seite 170
Tempus fugit	Seite 183
Entfremdung	Seite 210
Niemandsland	Seite 233

Festtagsrituale

„Ich bin nicht tot, ich tausche nur die Räume.
Ich leb‘ in euch und geh‘ durch eure Träume.“
Michelangelo Buonarroti (1475 - 1564)

Ich erinnere mich an den Tag, an dem Vater von uns gegangen war. Es war ein Tag wie jeder andere, kalt und nass, wie Novembertage damals im Jahr 2051 eben zu sein pflegten.
Die Bäume hatten sich des letzten Laubes entledigt und der schneidende, eisige Wind zeugte beredt vom nahenden Winter, der schneelos vorüberziehen und die Zugvögel auf ihren beschwerlichen Weg schicken würde.
Mutter hatte Vaters Lieblingsessen gekocht. Grießnockerlsuppe, Rippchen mit Kartoffelsalat und Milchreis mit Schattenmorellen.
Gemeinsam hatten wir das Haus mit Girlanden und farbigen Bändern geschmückt. Ich trug meine Ausgehgarnitur aus dunkelgrünem Cord und Mutter hatte mich ordentlich frisiert und meine Fingernägel geschnitten.
Vaters bester Anzug lag zusammen mit einem weißen Hemd auf dem Stuhl neben seinem Bett, frisch gewaschen und gebügelt.
Ich erinnere mich noch daran, wie er die Treppe herunterkam und von den Gästen mit einem Applaus begrüßt wurde. Man klopfte ihm auf die Schulter und beglückwünschte ihn.
Apathisch schüttelte Vater die Hände, die ihm entgegengestreckt wurden. Er lächelte breit, doch seine Augen wirkten traurig, was ihn älter erscheinen ließ

als er war. Auf eine merkwürdige Weise, die ich nicht nachempfinden konnte, wirkte er müde und erschöpft auf mich.
Seine Gäste unterhielten sich murmelnd miteinander und tauschten vielsagende Blicke aus, wenn sie dachten, meine Mutter und ich würden es nicht bemerken. Sie wurden auffällig einsilbig, wenn Vater sich zu ihnen gesellte, um ihnen für ihr Erscheinen zu danken. Ich weiß noch, dass sie auf mich den Eindruck machten, lieber woanders sein zu wollen. Sie nippten an ihren Sektgläsern, rauchten selbstgedrehte Zigaretten und versuchten, ihr Unbehagen hinter ernsten Blicken zu verschleiern.
Ich weiß auch noch, dass jeder das Bedürfnis zu haben schien, mir einen Ratschlag mit auf den Weg zu geben, der in meinen Ohren stets gleich klang, auch wenn die Worte variierten.
Sie sprachen von ‚Kraft', ‚Verantwortung' und ‚Schicksal', doch ich konnte nicht nachvollziehen, was ihre Worte mit mir zu tun haben sollten.
In einer elfenbeinweißen Glasschale auf dem Sekretär im Flur lagen Umschläge mit Geldgeschenken, wie es bei einer Abberufungsfeier üblich ist.
Ich weiß noch, dass Pfarrer Meyrink ein hellblaues Couvert hineinlegte, vorsichtig und behutsam, als wäre sein Inhalt zerbrechlich. Die meisten anderen Gäste ließen ihre Briefumschläge einfach in die Schale fallen, so als wollten sie sich ihrer möglichst schnell entledigen.
Mutter ging zwischendurch immer wieder in die Küche und weinte leise. Wir gaben vor, es nicht zu bemerken, aber natürlich hörten wir sie alle.
Wenn sie dann wieder ins Wohnzimmer kam, nahm

Vater sie in den Arm, küsste sie und lächelte sein trauriges Lächeln, während Mutter sich abwandte, als ob sie ihm wegen irgendetwas böse war.
Schweigend setzten wir uns an den Esstisch.
Vater bedankte sich bei allen Gästen für ihr Erscheinen und die Geschenke, bei Mutter für das Festessen und das farbenfroh geschmückte Haus und bei mir für das Bild, das ich für ihn gemalt hatte.
Er zeigte es stolz den anderen und betonte, wie schön ich die Engelsflügel auf seinem Rücken gemalt hatte und Mutters schwarzes lockiges Haar, das im Wind zu flattern schien.
Ich weiß noch, dass man während des Essens nur das Klirren von Besteck auf Porzellan und geschäftiges Schlürfen und Schmatzen hören konnte.
Die Unterhaltungen und Scherze, die normalerweise die Mahlzeiten begleiteten, fehlten und ihr Nichtvorhandensein hinterließ eine Leere, die man greifen zu können meinte.
Ich weiß noch, dass ich kaum wagte zu atmen, geschweige denn etwas zu sagen, so als ob mich deswegen jemand schelten würde. Nicht einmal der mit eingelegten Kirschen garnierte Nachtisch, den es nur an besonderen Feiertagen gab, konnte diese Anspannung lösen. Ohne ein Wort zu sagen schlürften wir die Suppe, brachten den Hauptgang hinter uns und stocherten im Dessert, inmitten der unbehaglichen Stille, die den Raum erfüllte.
Als dann pünktlich zur verabredeten Zeit die Türklingel ertönte und Vater aufstand, um die Altruisten hereinzulassen, die mit schweren Lederstiefeln polternd das Haus betraten, hatte ich den Eindruck, dass eine Art Erleichterung unter den Gästen zu

spüren war. Ein kollektives, befreiendes Aufatmen. Vater nahm Mutter ein letztes Mal in den Arm, küsste sie und flüsterte ihr etwas ins Ohr. Und diesmal konnte sie ihre Tränen nicht zurückhalten.
Er umarmte sie eine Weile und hielt sie fest umschlungen. Dann ließ er sie los, lächelte sie an und wandte sich mir zu. Er beugte sich zu mir herab. Sein After-Shave roch nach Moschus und Leder.
Ich rechnete damit, dass er ähnlich kryptische Plattitüden und Ratschläge für mich hatte wie die anderen, doch seine Worte waren pragmatischerer Natur und weniger trivial. Sie brannten sich in mein Gedächtnis ein und überdauerten Jahrzehnte.
Dann nahmen ihn die Altruisten mit, deren glänzende schwarze Ledermäntel mich an die Schwingen von Fledermäusen erinnerten. Ihre grauen Visagen waren vollkommen emotionslos.
Gemeinsam verließen sie mit bedächtigen Schritten das Haus. An der Straße wartete ein schwarzer klobiger Lieferwagen mit laufendem Motor.
Vater drehte sich noch einmal zu uns um und winkte zum Abschied. Er zwang sich zu einem Lächeln.
Dann öffnete sich eine Schiebetür an der Seite des Fahrzeugs und sie stiegen ein. Ich habe niemals seinen Blick vergessen, der zugleich traurig, stolz und hoffnungslos war. An jenem Tag habe ich nicht verstanden, wie man innerlich so zerrissen sein konnte, doch heute verstehe ich es.
Im Jahr 2041, als die Weltbevölkerung 9,7 Milliarden Menschen betrug, war es nur eine Frage der Zeit gewesen, dass man einen Weg finden musste, das Bevölkerungswachstum zu begrenzen.
Geburtenkontrolle erwies sich als das Mittel der

Wahl, doch dieser Weg funktionierte nur bedingt. Krankheiten wurden ausgemerzt. Die durchschnittliche Lebenserwartung verlängerte sich durch jeden medizinischen Durchbruch. Lösungen wurden diskutiert, reflektiert, verworfen, neu formuliert, abermals erörtert und erneut verworfen.
Die ‚Abberufung' ab einem Alter von 77 Jahren setzte sich 2043 durch, zwei Jahre nachdem große Teile der Menschheit durch die globale Nahrungsmittelknappheit nur haarscharf dem Hungertod entgingen.
Der Gedanke an sich war mathematisch korrekt und auf eine brutale Weise simpel: Wenn man die Bevölkerungsanzahl nicht kontrollieren konnte, musste man die Lebenserwartung begrenzen.
So einfach war das.
Am selben Tag, als der entsprechende Gesetzesvorschlag fast einstimmig angenommen und beschlossen wurde, wurden die ersten Krematorien gebaut. Ich kann mich noch gut an den Tag erinnern, als Vater uns erzählte, dass sie das Abberufungsalter von 77 auf 68 herabgesenkt hatten und es als ‚Neujustierung' bezeichneten. Das erste Mal vernahm ich dieses Wort, als Vater uns davon berichtet hatte. Das zweite Mal, als ich es in dem Brief gelesen habe, den ich gestern vom ‚Regionalen Abberufungskomitee' der ‚Partei des Globalen Bewusstseins' erhielt.
Das Gemurmel der Gäste, die im Erdgeschoss auf mich warten, dringt zu mir herauf, wie das Rauschen des Herbstwindes, der durch die Gerippe der blattlosen Bäume weht.
Mein bester Anzug liegt zusammen mit einem weißen Seidenhemd auf dem Stuhl neben meinem Bett,

frisch gewaschen und gebügelt.
Der Geruch des Schweinebratens, den Ursula für mich zubereitet hat, vermischt sich mit dem Duft des Schokoladenpuddings, sodass mir das Wasser im Munde zusammenläuft, doch ich bin nicht hungrig.
Ich muss immer wieder an die letzten Worte meines Vaters denken, der mich mit glasigen Augen anblickte und mir über den Kopf streichelte, bevor sie ihn mitnahmen.
„Nur dann, wenn man selbstlos ist, vermag man etwas für das Ganze zu leisten."
Ich weiß nicht, was ich meinem Sohn Jebediah sagen werde, wenn sie mich holen kommen, aber ich hoffe, es wird weniger kryptisch sein und ihm klarmachen, was er für mich ist und nun für unsere kleine Familie werden muss.
Ehrlich und aufrichtig muss es sein. Offenherzig und wahrhaftig und ihm meine Gefühle und Hoffnungen vermitteln, wie die Reflexion in einem Spiegel, in den er sieht und in dem er sowohl mich als auch sich selbst erblickt.
Es muss ihm Trost und Kraft geben in Zeiten der Einsamkeit und die Antwort auf eine Frage sein, die er mir dereinst in noch fernen Tagen einmal stellen wollen wird. Was immer ich ihm sage, muss also wohlüberlegt sein.
Es muss ein Leben überdauern.

Morgengrauen

„Hunger und Liebe sind die Triebkräfte aller menschlichen Handlungen."
Anatole France (1844 - 1924)

Am späten Nachmittag verließen sie die Landstraße, fuhren an den qualmenden Ruinen der Amöneburg vorbei und bogen ab auf die B62 Richtung Kirtorf. Laub bedeckte den Asphalt. Die Reflektoren am Straßenrand waren kaum auszumachen zwischen den wild wuchernden Gräsern und Farnen, die die Fahrbahn säumten.

Meike blickte müde aus dem Beifahrerfenster. Die Landschaft war von einem üppigen Grün, das sie an die Vegetation eines blühenden Urwaldes erinnerte. Der Himmel war strahlend blau und wolkenlos. Lediglich das Fehlen von Kondensstreifen ließ darauf schließen, dass die Welt sich unwiederbringlich verändert hatte.

Lukas hatte das Fahrerfenster heruntergekurbelt, sodass der Fahrtwind mit konstanter Intensität hereinströmte. Es machte die spätsommerliche Hitze erträglicher.

Er blickte kurz zu Meike hinüber, verzog das Gesicht und konzentrierte sich dann wieder auf die Straße.

„Einen Penny für deine Gedanken."

Sie blinzelte müde. „Es heißt ‚Cent'. Wir sind in Mittelhessen, nich in Kanada."

Eine verirrte Strähne ihres kastanienbraunen Haars hing ihr ins Gesicht.

„Ich weiß, aber ‚Penny' is mir lieber. Ne, im Ernst. Über was grübelst du nach?"

Meike zuckte mit den Schultern und starrte aus dem Fenster. Draußen flog die Landschaft an der Scheibe vorbei. Sie musste daran denken, was für ein Glück sie hatten, den Range Rover gefunden zu haben. Sie mochte sich gar nicht ausmalen, wie es war zu Fuß unterwegs zu sein, wenn die Hageren auf die Jagd gingen.

„Weiß nich", sagte sie kleinlaut und kaute auf ihrer Unterlippe.

„Ach, komm schon. Was is ´n das für ´ne bescheuerte Antwort? Irgendwas arbeitet doch in dir, das seh ich doch."

Seine struppigen schwarzen Haare standen von seinem Kopf ab, als stünde er unter Strom.

Er trug leuchtend gelbe Sneakers, die ihm zwei Nummern zu groß waren, eine zerrissene Blue-Jeans und eine enzianblaue Bomberjacke über dem Iron Maiden T-Shirt der ‚Fear of the Dark'-Tour von 1992. Die grinsende Visage des Bandmaskottchens Eddie war eine Momentaufnahme einer Fahrt durch eine Geisterbahn.

„Kann sein."

Hinter den die Fahrbahn säumenden Feldern begann der Wald. In der Ferne meinte Lukas zwischen den Baumstämmen zitternde Schatten auszumachen, die sich schneller bewegten, wenn sie auf gleicher Höhe waren.

„Ich weiß nich", sagte Meike seufzend. „Ich glaub, ich … ich kapier ´s einfach nich."

„Was genau?"

„Na, das alles. Wie das alles sein kann. Ich mein, schau dich um. Wir gehn vor die Hunde, werden vom Angesicht dieses Planeten getilgt. Und was macht die

Natur? Sie blüht auf, sie … naja, ganz so als ob …“

„… es so sein müsste? Als ob wir es verdient hätten?“

„Ja.“ Sie schlug den Kragen ihres hellblauen Baumwollhemdes hoch und blickte ihn müde an. „So als ob unsere Zeit gekommen is, oder sowas. Als hätte die Erde nur darauf gewartet, dass wir endlich verrecken, ich …“

Ein Schluchzen entfuhr ihren Lippen. „Ach, was weiß ich. Is wahrscheinlich eh alles scheißegal.“

In einiger Entfernung schälte sich eine Gestalt aus dem Wald. Ein nackter, alter Mann, dessen wettergegerbte Haut Meike an grobes Leder erinnerte. Mit zuckenden, krampfartigen Bewegungen lief er über das Feld hinweg auf die Straße zu. Er war sehr schnell. Seine weißen schulterlangen Haare loderten in der Sonne wie Stroh.

Er streckte seine spindeldürren Arme aus, sodass seine Klauen nach dem sich nähernden Fahrzeug zu greifen schienen. Seine braunen Zähne waren zu einem lippenlosen Grinsen verzerrt. Sie schienen unnatürlich groß und spitz zu sein.

Lukas stemmte das Gaspedal auf das Bodenblech, wich einem rostbraunen Haufen auf der Fahrbahn aus und schaltete hoch. Wie in Zeitlupe nahm Meike beim Vorbeifahren jedes Detail seiner Erscheinung wahr. Sein Körper war buchstäblich bis auf die Knochen abgemagert. Die Nase und die Ohren waren weggefault. In den leeren Augenhöhlen wimmelten Maden.

Kurz bevor er sie erreichte, streckte er ihnen einen Arm entgegen, sodass seine Krallen über die Außenseite des Wagens glitten. Enttäuscht fauchte er ihnen hinterher.

Meike glaubte, das Zuschnappen der Zahnreihen hören zu können, wie das Fallbeil einer Guillotine.
Der Untote wandte sich um und legte den Kopf in den Nacken. Er schien ihre Witterung aufnehmen zu wollen. Meike blickte ihm durch die Heckscheibe nach, wie er auf der Straße stand.
Seine dürre Silhouette wurde immer kleiner, bis er schließlich außer Sichtweite war.
„Meinst du, er wird uns folgen?"
„Glaub ich nich", sagte Lukas. Er blickte abwechselnd auf die Straße und in den Rückspiegel, als würde er erwarten, dass das dürre Ding ihnen hinterherrannte.
Wortlos fuhren sie weiter. Hinter Kirtorf passierten sie einen ausgebrannten Leopard Kampfpanzer. Der klobige Korpus des ockerfarbenen Kettenfahrzeugs blockierte eine Zufahrtsstraße. Zuerst hielt Lukas die dunklen Flecken auf der Karosserie für eine Art Camouflage, doch dann wurde ihm klar, dass es sich um geronnenes Blut handeln musste. Auf dem Dach neben der Einstiegsluke lag ein Kopf. Das mumifizierte Gesicht war erstarrt in einem Ausdruck reiner Überraschung. Die hellgraue Mütze saß ein wenig schief. Meike wollte sich abwenden, doch aus irgendeinem Grund konnte sie es nicht.
„Schau doch mal in die Karte", sagte Lukas. „Die Sonne wird bald untergehn und wir müssen noch was finden, wo wir uns unterstellen können."
Sie nahm eine Landkarte aus dem Handschuhfach, breitete sie auf ihrem Schoß aus und folgte der gelben Linie der Bundesstraße mit der Spitze ihres Zeigefingers.
„Also, wenn wir noch ungefähr ... wie lange fahrn wir

noch, bis es dunkel wird?"
„Weiß nich", sagte Lukas erschöpft. „Schätze mal vier, fünf Stunden. Mehr nich."
„Gut", sagte sie knapp und blickte wieder in die Karte. „Also, sagen wir, dass wir noch maximal achtzig Kilometer weit kommen, je nach Straßenlage. Dann wären wir also … irgendwo bei Lauterbach."
Er nickte. „Klingt nach einem Plan." Er warf ihr einen verwegenen Blick zu und hob eine Augenbraue. „Und ich liebe es, wenn ein Plan funktioniert."
Sie lächelte. „Ich auch."
Unterwegs kamen sie an verkohlten Wohnhäusern vorbei, deren Vorgärten seltsamerweise unversehrt geblieben waren. Blühende Tulpenbeete und Feigenbäume inmitten der Zerstörung.
Liegengebliebene Autos verrosteten im Straßengraben. Offensichtlich hatten nicht viele die Landstraßen für ihre Flucht aus den großen Städten genutzt. Lukas mochte sich gar nicht ausmalen, wie es auf der A5 aussehen musste, wo sich die Wagen kilometerweit stauten und sich die Infektion rasend schnell verbreitet hatte.
Im Zwielicht der Abendröte sahen sie vereinzelte Gestalten über die Felder stapfen mit der hypnotischen Trägheit von Schlafwandlern. Manche von ihnen wirkten wie Vogelscheuchen, hager und verwittert. Andere trugen noch die zerfetzten Überreste ihrer einstigen Kleidung und erinnerten Meike eher an wandelnde Schaufensterpuppen.
Einigen von ihnen fehlten Gliedmaßen. Sie wiesen eine Vielzahl an Wunden auf, die ihre Körper verstümmelten.
Als sie durch das zerstörte Zentrum von Ober-Gleen

kamen, mussten sie mühsam um die Bombenkrater herumfahren, die die Artillerie der Bundeswehr in die Landschaft geschlagen hatte. Nur wenige Meter hinter dem Ortsschild hörte die B62 auf zu existieren. Das ausgebrannte Wrack eines gewaltigen Fluggerätes blockierte die Straße.
Lukas bremste ab. Mit geweiteten Augen beugte er sich über das Lenkrad und starrte hinaus.
„Was ist das?“, fragte Meike atemlos. „Ist das … war das etwa ein Passagierflugzeug?“
„Nein, das ist was Militärisches. Ich denke, es war sowas wie ein Bomber oder so. Vielleicht ein Eurofighter. Schwer zu sagen.“
Der laufende Motor des Geländewagens stotterte unruhig. Lukas warf einen besorgten Blick in den Rückspiegel. In den Ruinen der angrenzenden Gebäude bewegten sich fauchende Schatten.
Eine hochgewachsene Gestalt mit verfilzten blonden Haarsträhnen kam aus den Trümmern einer Kirche gestolpert. Sie trug ein ärmelloses ehemals elfenbeinweißes Hochzeitskleid.
Die blutigen Stümpfe ihrer Arme schienen ihnen zuzuwinken. Ihr Gesicht, das von gewaltigen Zähnen dominiert wurde, hing in Fetzen herab. Anstelle von Augen gähnten karmesinrote Löcher in ihrem Schädel.
„Wir müssen weiter.“ Er legte den ersten Gang ein und fuhr los. „Es wird bald dunkel.“
Kurz bevor sie auf die L3151 abbogen, blickte Meike der verstümmelten Leiche der Braut nach, die die laubbedeckten Kirchenstufen herunterwankte und ihnen unbeholfen hinterhertrottete.
Der halbtransparente Schleier folgte den ruck-

artigen, abgehackten Bewegungen ihres Kopfes, als sie vor Erregung zitternd nach ihrer Fährte suchte. Erschüttert wandte Meike sich ab. Sie starrte wieder aus dem Fenster, kaute auf ihrer Unterlippe und versuchte an nichts zu denken.
In der Ferne drehten sich die scharf konturierten Umrisse von Windrädern vor der Düsternis der Abendröte mit gleichgültiger Langsamkeit.
„Ich hab letzte Nacht wieder von ihnen geträumt“, sagte sie mit matter Stimme.
„Von wem?“
Sie schnaubte empört auf. „Du weißt genau, wen ich meine.“
Lukas holte tief Luft. „Wir hatte keine andere Wahl, das weißt du. Wir ... haben das Richtige getan.“
„Haben wir das?“, fragte sie ihn und blickte ihn traurig an. „Haben wir das wirklich? Was wäre, wenn wir das gewesen wären? Wenn wir um Hilfe gerufen hätten und uns jemand am Straßenrand stehengelassen hätte? Ich meine ... das war doch ein Kind. Ein kleines Kind, das niemandem was getan hat, und ...“
„Wir können nicht riskieren, jemanden aufzusammeln. Wir dürfen uns nicht infizieren. Wir müssen überleben, verstehst du? Du musst überleben.“
„Und welchen Preis sollen wir dafür zahlen?“ Ihre Lippen bebten. Sie kämpfte mit den Tränen. „Was müssen wir dafür tun?“
„Alles, was nötig ist“, antwortete er ihr trotzig in einem Tonfall, der keinen Widerspruch zu dulden schien.
„Aber vielleicht gibt es noch andere Überlebende“, entgegnete sie und verzog das Gesicht zu einer Grimasse. „Jemand, der unsere Hilfe braucht. Jemand,

mit dem …"
„Nichts da! Wir brauchen niemanden!"
„Ich weiß nich." Ihre Stimme war ein heiseres Flüstern. „Ich denke halt, dass …"
„Du", sagte er, ohne sie anzublicken. Sein Mund war eine gerade Linie. „Du bist alles, was zählt. Verstehst du das? Du. Nichts und niemand sonst ist wichtig."
Sie dachte an den Mann, der aus dem Unterholz gekrochen und auf die Straße gerannt war und dem die Hageren auf den Fersen gewesen waren. Es waren so viele gewesen.
Das Bild des Bündels in seinen Armen, aus dem diese winzige Faust herauslugte, verfolgte sie in ihren Träumen.
„Wir hätten ihn nicht mitnehmen können."
„Er wollte gar nicht, dass wir ihn mitnehmen. Er hat nur gerufen, dass wir das Kind retten sollen. Sonst nichts. Nur das Kind, das …"
„Ach!", rief er aufgebracht, als wolle er die Diskussion beenden. „Wir können nicht die ganze Welt retten!"
Sie wandte sich ab und starrte wieder aus dem Fenster. „Wir haben es nich ma versucht."
Schweigend fuhren sie weiter, vorbei an den Ausläufern des Heiligentalbachs, und durchquerten Heimertshausen. Als sie am Friedhof vorbeikamen, dessen Grabsteine und Steinkreuze sich im schwindenden Licht der untergehenden Sonne als pechschwarze geometrische Muster vor dem wolkenlosen Himmel abzeichneten, war der Verwesungsgeruch so stark, dass Lukas das Fenster schließen musste. Im Vorbeifahren sahen sie, dass die Gräber geöffnet worden waren.

„Das waren sie, nicht wahr?", fragte Meike atemlos, obwohl sie die Antwort kannte. „Die Hageren."
„Weiß nich", sagte Lukas knapp, doch sie nickte, als müsste sie sich selbst zustimmen.
„Sie fressen alles, was sie finden können. Sie werden alles ..."
Sie stockte. Vor ihrem geistigen Auge sah sie zerfledderte, verstümmelte Gestalten in der Hitze der Sommersonne auf den Friedhof stapfen und nach Futter suchen. Sie gruben sich mit bloßen Händen durch das Erdreich, rissen die Särge auf und schlugen ihre surreal großen Reißzähne in die verwesenden Körper der Bestatteten.
„Oh mein Gott", raunte sie entsetzt. „Sie werden immer so weiter machen. Bis nichts mehr übrig ist, das sie fressen können. Bis wir alle tot sind ... oder schlimmer."
„Aber wir leben noch, oder?", stellte er nüchtern fest.
„Ja. In der Tat. Wir ... leben noch."
„Und daran wird sich auch so schnell nichts ..."
Mit einem berstenden Geräusch, das dem Knall eines platzenden Ballons glich, explodierten die Vorderreifen. Meike schrie auf. Das Lenkrad rutschte Lukas aus der Hand. Sie rammten einen Gegenstand. Etwas brach lautstark. Instinktiv betätigte er die Bremse und ergriff das Lenkrad. Der Geländewagen rutschte einige Meter über das schmierige Laub und kam schließlich quer auf der Fahrbahn zum Stehen.
Er packte ihre Schulter. Seine Augen waren weit aufgerissen. „Geht es dir gut? Ist alles in Ordnung?"
„Ja", keuchte sie. „Glaub schon, ich ... ist mit dir alles okay?"
Er nickte atemlos. Benommen öffnete er die Fahrer-

tür und stieg aus. Der Geruch nach in der Sonne verwesendem, rohem Fleisch war übermächtig. Er drohte ihm die Sinne zu rauben.
Lukas keuchte auf. Dann legte er eine Hand auf den Kotflügel und ging in die Hocke.
„Was tust du da?“, rief sie. Sie drehte den Kopf und blickte sich um. Auf dem Friedhof begannen sich schattenhafte Schemen zu regen. Sie wankten in ihre Richtung. Augenlose Dinge, die den Geruch ihres Fleisches wittern konnten.
Lukas betastete den platten Reifen. Mit zitternden Fingern zog er einen kleinen, metallenen Gegenstand hervor.
„Was hast du da?“, fragte Meike. „Was ist das?“
Stirnrunzelnd betrachtete er das Ding in seiner Hand, ließ es fallen, stieg wieder ein und knallte die Wagentür zu.
„Was war das?“
„Ein Krähenfuß“, sagte er. Dann lehnte er sich zur Beifahrerseite, nahm einen verchromten Damenrevolver aus dem Handschuhfach und öffnete die Trommel der Waffe. Fünf Kammern waren leer.
„Na super. Das wird ja immer besser und besser. Russisch Roulette am Arsch der Welt.“
Mit einer routinierten Handbewegung ließ er die Kammer wieder zuschnappen und verstaute die winzige Handfeuerwaffe in der Innentasche seiner Jacke.
„Die Achse is hinüber. Wir müssen zu Fuß weiter. Nimm nur das Nötigste mit.“
Er drehte sich um und zog seinen Rucksack vom Rücksitz.
„Was zur Hölle ist ein Krähenfuß?“, fragte sie und

stieß die Beifahrertür weit auf.
„Sowas wie ´ne Nagelsperre. Damit stoppt man Fahrzeuge."
„Aber wer ..."
Etwas trat aus den Schatten und machte einen schwankenden Schritt auf sie zu. Erschrocken ließ sie sich wieder in den Sitz fallen.
Der Untote trug eine schmutzige, zerfetzte Polizeiuniform voller Blutflecken. Seine Arme endeten knapp unterhalb der Handgelenke. Er knurrte wie ein tollwütiger Hund. Seine Augen waren glasig, wie die milchigen Perlen von Tiefseemuscheln.
Er schlug Meike mit seinen Armstümpfen auf die Schultern, als hätte er vergessen, dass etwas seine Hände abgenagt hatte. Als wolle er sie packen, ohne zu verstehen, warum es ihm nicht gelang.
Meike schrie entsetzt auf. Mit aller Kraft trat sie gegen sein Knie. Lautstark brach es mit einem knackenden Geräusch. Der Hagere sackte in sich zusammen, rappelte sich jedoch sofort wieder auf. Seine Zähne schnappten vor ihr ins Leere. Seine Nasenflügel zuckten vor Erregung. Als er sich zu ihr herabbeugte, stemmte sie ihren Fuß auf seinen Brustkorb und stieß ihn von sich.
Er wurde zurückgeworfen, schwankte, doch er verlor nicht das Gleichgewicht. Dann hörte sie einen fernen Knall. Das Gesicht des untoten Polizisten verschwand in einer Wolke aus Blut und Knochen.
Als hätte man ihm die Beine weggetreten, ging er auf die Knie und fiel dann vornüber. Lukas packte Meike am Arm und zog sie aus dem Wagen. Sie hockten sich hin. In der rechten Hand hielt er den Taurus 627 STS, dessen Lauf gen Himmel zeigte. Mit der linken Hand

betastete er ihren Hals, ihre Brust, ihre Arme und ihren Nacken. Die Panik in seiner Stimme war unüberhörbar.
„Wurdest du gebissen? Hat er dich ..."
„Nein", keuchte Meike atemlos. „Nein, du hast ihn erwischt, bevor ..."
„Das war ich nich."
Ihre Augen weiteten sich.
Sie starrte auf etwas, das sich ihnen lautlos von hinten genähert hatte. Zuckende Silhouetten liefen über die Hauptstraße auf sie zu.
Sie zählte sieben Hagere, die sich in unterschiedlichsten Verwesungszuständen befanden. Manche von ihnen wirkten beinahe noch menschlich, bis auf die animalischen Fänge ihrer geifernden Zahnreihen. Andere waren schon so stark verfault oder verstümmelt, dass sie nur noch blutige Karikaturen dessen waren, was sie einmal gewesen sein mussten, und es nahezu unmöglich war zu sagen, ob sie aus Fleisch oder einer Ansammlung von Schimmelpilzen bestanden. Was die Ungeheuer allerdings alle miteinander gemeinsam hatten, war die ausgezehrte, abgemagerte Erscheinung ihrer Physiognomie, die ihnen ihren Namen eingebracht hatte.
Lukas hob den Revolver und zielte auf einen der augenlosen Schädel. Bevor er abdrücken oder den Hahn spannen konnte, hörten sie das helle Stakkato schnell hintereinander abgefeuerter Schüsse.
Kugeln flogen pfeifend durch die Luft. Die Köpfe der sie umzingelnden Untoten platzten nacheinander auf, wie überreifes Obst, und ihre Körper sackten in sich zusammen. Lukas und Meike warfen sich auf den Boden.

„Ein Scharfschütze", zischte er ihr zu. „Bleib unten."
Er drehte sich um, um die anderen Untoten ins Visier zu nehmen, die durch die Friedhofstore schlurften. Binnen weniger Augenblicke hatten sich Dutzende Leiber um den Range Rover geschart und näherten sich ihnen schwankend. Ihre ruckartigen Bewegungen waren unkoordiniert und träge. Mit jedem zurückgelegten Meter schienen sie langsamer zu werden, bis sie sich fast nicht mehr rührten.
Ein gleißender Strahl rötlichen Lichtes flackerte am Horizont auf, als die Sonne unterging.
Die Nacht war angebrochen.
Die reglosen Umrisse der Hageren wurden eins mit den Schatten.
Es dauerte einen Moment, bis Lukas und Meike sich an die Dunkelheit gewöhnt hatten, doch dann sahen sie, dass die Untoten zu Boden sanken und sich auf die Straße legten. Es war als würden sie einem stummen Befehl gehorchen, den nur sie wahrnehmen konnten.
„Was tun sie da?", flüsterte Meike ungläubig.
Lukas schüttelte nur den Kopf, obwohl Meike ihn kaum sehen konnte. „Ich weiß nich. Vielleicht sehn sie uns nich mehr. Vielleicht ... wenn wir ganz still sind, dann können wir vielleicht ..."
Eine Taschenlampe wurde in der unmittelbaren Nähe eingeschaltet. Der blendend helle Lichtstrahl richtete sich auf Meike und wanderte dann weiter zu Lukas.
„Ihr braucht nicht zu flüstern", bellte eine männliche Stimme. „Die hören euch nicht. Die würden es nicht mal mitkriegen, wenn ihr mit ihren Schädeln Fußball spielt."

Die Taschenlampe wurde gesenkt. Dann beleuchtete sie das Gesicht eines Mannes, der einen verbeulten Stahlhelm trug. Schwarze und rote Streifen betonten seine Wangenknochen, wie die provisorische Kriegsbemalung eines Neandertalers.
Er trug eine olivgrüne Bundeswehruniform und eine dunkelbraune schusssichere Weste. Routiniert entzündete er eine Signalfackel und ließ sie neben dem Heck des Wagens fallen. Ihr Licht flackerte in einem grellen Orangeton. Es ließ die Schatten im Rhythmus der Flamme tanzen. Er räusperte sich, spuckte auf die Straße und schulterte das PSG1.
„Die Stinker sind nur am Tag unterwegs. Wenn es kein Sonnenlicht gibt, zieht ihnen das den Stecker."
„Schlafen sie?", fragte Meike. Ängstlich blickte sie sich um.
„Nein, mon ami", lachte der Mann mit dem Gewehr. „Die sind so tot wie Alexej Nawalny. Beim ersten Licht des Tages entsteigen sie ihren Ruhestätten wieder und gehen auf Beutezug." Er lachte gackernd. „Hat was mit der ‚Chronischen Auszehrungskrankheit' zu tun. Und mit Purpurbakterien und ... ach. Worte sind nich meine Stärke." Beinahe vergnügt zwinkerte er Meike zu. „Aber ich habe andere ... Qualitäten."
Sie konnten ihn nur fassungslos anstarren. Sein Grinsen wirkte so deplatziert wie ein Lachen auf einer Beerdigung.
„Woher kommt ihr?"
Meike wollte reflexartig antworten, doch Lukas fiel ihr ins Wort.
„Von Nirgendwo."
„Und lasst mich raten. Ihr seid auf dem Weg nach ...

Nirgendwo, stimmt ´s?“
„So in etwa“, raunte Lukas angriffslustig.
Der Mann schnalzte mit der Zunge, spuckte erneut auf die Straße und grinste breit.
„Ich hasse beliebig runtergerasselte Filmzitate, um der Unterhaltung Eloquenz und Intellekt vorzuheucheln und das Geschehen aus Sicht der popkulturellen Aspekte interessanter zu gestalten, aber wenn ihr leben wollt, kommt mit mir.“
Er wandte sich ab, hielt inne, drehte sich um und blickte sie eindringlich an.
„Im Ernst jetzt. Hier draußen gibt es schlimmere Dinge, als die Stinker. Auf euch gestellt, ohne fahrbaren Untersatz … nich gut. Hier draußen …“
Ein Geräusch ließ ihn herum fahren, die Waffe im Anschlag. Eine Nachtigall flatterte aus dem Unterholz. Ihr Ruf gellte über die Landschaft und weckte in Meike Erinnerungen an vergangene Zeiten.
Der Mann mit der Kriegsbemalung sah sie an und sein merkwürdig schmieriges Grinsen erschien wieder auf seinem Gesicht.
„Ich bin übrigens Frank. Frank Holger Kuhn. Aber ihr könnt mich Franky nennen.“
Dann befestigte er die Taschenlampe an seiner Schulter, packte den Lauf der Waffe und hielt sie in einer Diagonale vor seinem Oberkörper. Er drehte sich um und ging Richtung Wald. Seine Erscheinung war ein schaukelndes Irrlicht in der Finsternis.
Meike und Lukas blickten sich zweifelnd an.
„Einen Penny für deine Gedanken.“
Sie zuckte die Schultern. „Irgendwo is besser als hier, oder?“
„Kann sein, aber … ich weiß nich“, sagte er zweifelnd.

„Dieser Typ is irgendwie … ich weiß auch nich. Ich hab so ´n komisches Gefühl bei dem."
„Haben wir eine Wahl?"
„Aber … wir kennen den Kerl doch gar nich."
„Weißt du, ich glaube Ernest Hemingway hatte recht."
„Womit?"
„Der beste Weg herauszufinden, ob man jemandem vertrauen kann, ist ihm zu vertrauen."
Er seufzte auf, reichte ihr die Hand und zog sie hoch. Dann kramte er einen Mantel aus seinem Rucksack und reichte ihn ihr. Unbeholfen zog sie ihn über. Hand in Hand folgten sie dem immer kleiner werdenden Licht der Taschenlampe, deren Licht in den Schatten über die Wiesen tanzte. Als sie ihn eingeholt hatten, nickte er, den Blick starr auf den Pfad vor sich gerichtet.
„Gute Entscheidung."
Lukas antwortete nicht. Er justierte die Rucksackgurte, zog eine Wollmütze aus der Seitentasche seiner Jeansjacke und reichte sie Meike. Wortlos zog sie sich über den Kopf. Gedankenverloren streifte sie sich ihre Haare hinter die Ohren.
„Du weißt ´ne Menge über diese Dinger, oder?", fragte Lukas.
„Will ich meinen."
„Wo kommen sie her?", fragte Meike. „Was hat sie erschaffen? Kommen sie aus einem Labor? Ich wette es war ein Labor. Bestimmt irgendwo in …"
„Kein Labor", sagte Frank, schmatzte auf und spuckte auf den Boden. „War eigentlich total simpel das Ganze."
„Und? Was war es?", fragte sie heiser.

„Tropismus."
„Was?"
„Organische Konvergenz."
„Ehm ..."
„Parasitäre Assimilation auf biomolekularer Ebene."
„Was zum Teufel soll das heißen, Mann?", fragte Lukas ungeduldig.
„Die Natur, Alter. Darwins Alptraum. Oder wie Eddie Vedder sagen würde: That´s Evolution, Baby! Motherfucking Evolution!" Grinsend blickte er Lukas an und schüttelte den Kopf. „Wow, ihr habt echt keine Ahnung, oder?"
Lukas schüttelte den Kopf. „Nein. Wir waren eigentlich die ganze Zeit über auf der Flucht. Wir haben uns versteckt, sobald es dunkel wurde. Wir wussten ja nich ma, dass diese Dinger Sonnenlicht brauchen."
„Verstehe."
„Also ist es eine Krankheit, oder was?", fragte Meike. „Etwas, das man heilen kann?"
„Nope. Keine Krankheit. Keine Heilung."
„Aber was ..."
„Ein Bakterium. Das CWD-Virus hat seine Erbinformationen in seinem Zellkern etabliert und ... voila. Der Wirtskörper stirbt, entwickelt einen Mordskohldampf auf Proteine und Eisen, um den durch den Zersetzungsprozess hervorgerufenen Mangel an Kohlenhydraten und Elektrolyten auszugleichen, und wird alle 24 Stunden mithilfe von UV-Strahlung wiederbelebt. Quasi eine permanente Nahtoderfahrung. Endlose Reanimation, bis der Organismus kollabiert. Oder so ähnlich."
„Und wie ...", begann Lukas, „... wie wird es übertragen?"

„Sucht euch was aus. Mosquitos. Zecken. Fledermäuse. Ratten. Flöhe. Speichel. Kot. Und natürlich, wenn man gebissen wird. Der Klassiker, sozusagen."
„Und wie kann man sie ... töten ... ich meine ... wie kann man ..."
„Enthaupten. Verbrennen. Amputation mit dem Ziel der Immobilität. Ach ja, verhungern lassen kann man sie auch. Wenn man die Zeit für sowas hat."
Er lachte freudlos, drehte sich um und nahm das Scharfschützengewehr von der Schulter.
„Aber wer hat schon Zeit?"
Er entsicherte die Waffe, schaltete auf Dauerfeuer, kniete sich hin und legte an. Dann betätigte er den Abzug exakt drei Sekunden lang. Mit einer Mündungsgeschwindigkeit von 198 Metern pro Sekunde verließen die Projektile den Lauf und durchlöcherten den Treibstofftank des Range Rovers.
Das Feuer der Signalfackel setzte das austretende Benzin in Brand. Die Körper der Untoten, die zu Dutzenden um das Fahrzeug herum verstreut lagen, gingen in Flammen auf. Ihre trockenen, spröden Leiber brannten wie Zunder. Mit einem ohrenbetäubenden Knall, den sie förmlich spüren konnten, explodierte der Tank des Wagens.
Ein Feuerball erhellte die Nacht. Für einen flüchtigen Moment war es taghell, bevor die Dunkelheit wieder die Oberhand gewann. Frank erhob sich, sicherte das Gewehr und schulterte es wieder.
„Los", sagte er knapp. „Gehn wir. Ich hab Hunger."
Zielstrebig stapfte er in den Wald hinein. Seine Schritte waren forsch und auf eine beruhigende Weise unerschrocken. Meike und Lukas versuchten mit ihm mitzuhalten. Immer wieder drehten sie sich

um und ließen ihre Blicke umherschweifen. Es war ein fremdes und beklemmendes Gefühl für sie, unter freiem Himmel in der neuen Welt auf der Flucht zu sein. Zu Fuß. Nebel kam auf. Der Wind war bitterkalt. Irgendwo krächzte ein Vogel.
„Was war das Verrückteste, das ihr gesehen habt, als ihr unterwegs wart?“, fragte Frank, während er durch Matsch und Tannennadeln marschierte.
„Na, da war dieser Clown ... in Marburg in der Oberstadt“, begann Lukas schwer atmend. „Von diesem Zirkus, der da gastierte. Er hockte einfach so da, auf dem Bürgersteig, und kaute auf einer Katze herum. Dann hat er uns gesehen. Er wollte sich auf uns stürzen, aber seine Schuhe waren so riesig, dass er damit kaum laufen konnte. Er ist immer wieder hingeknallt und wieder aufgestanden. Und wieder von vorne. Immer wieder. Das war echt strange.“
„Witzig.“
„Und bei dir?“, fragte Lukas. „Was war dein Highlight?“
Frank verzog das Gesicht, spuckte auf den Waldboden und grunzte. „Da muss ich mal nachdenken. War ´ne Menge.“ Er schnalzte mit der Zunge. „Ich denke, das war das Haus in der Hohlstraße.“
„Was war damit?“, flüsterte Meike.
„Na, es war in dem Monat, in dem alles angefangen hat, als die Welt ...“
„... den Bach runter ging“, vollendet Lukas den Satz.
„Ich wollte sagen als sie sich selbst gefickt hat, aber ja. Als alles zu Scheiße wurde. Na jedenfalls sind ´ne Menge Leute verschwunden. Ich hab mit meinen Jungs die Häuser abgesucht. Alles, was wir gefunden haben, waren gedeckte Tische mit vergammeltem

Essen, umgeworfene Möbelstücke und Unmengen von Knochen. Abgenagte Knochen."
Er schüttelte den Kopf und blinzelte.
„Und in einem Haus in der Hohlstraße fanden wir etwas. Im Keller."
Er blieb stehen. Stoßweise entwich sein Atem in weißen, wehenden Kondenswolken.
„Was war im Keller?"
„Ein Monster", raunte Frank. „Ein Ding, das aus vielen Leibern zu einem riesigen Körper verschmolzen war. Ein verwesender Klumpen aus Fleisch, Knochen, Haut und Zähnen, der sich auf uns zubewegte. Ein kriechendes Geschwür, groß wie zwanzig Ochsen. Echt, eine scheißhässliche Fickfresse war das."
Lukas hielt den Atem an. „Was hast du getan? Ich mein, wie ..."
„Wir haben ´s in Fetzen geschossen. Das war ´ne Sause, sag ich dir. Die komplette Munition haben wir in das Ding gepumpt. Das war ein Massaker. Und dann ... ja und dann haben wir die Bude abgefackelt und gleich noch ein paar Handgranaten rein geworfen. Hat den ganzen Tag gebrannt. War echt geil."
Eine Weile gingen sie schweigend durch den Wald. Überall lagen die Hinterlassenschaften einer eiligen Flucht in der Landschaft verstreut. Rucksäcke. Jacken. Bücher. Schmuck. All der Ballast, den man abwirft, wenn man vor etwas wegrennen muss, lag überall auf dem Waldboden, wie die weggeworfenen Spielzeuge eines Kindes. Auf einer Anhöhe blieben sie stehen. Im fahlen Licht des Sichelmondes sahen sie eine kleine Blockhütte in der Mitte der Lichtung. Davor stand ein Generator von der Form eines Kleinbusses. Auf der Veranda bewegte sich ein hölzerner

Schaukelstuhl, in dem jemand saß. Eine Frau in einem grauen Kleid. Sie hatte dunkelblonde Haare. Frank ging vor ihr in die Hocke und nahm ihre Hand.
„Hallo Schatz. Ich bin zuhause."
„Kenne ich Sie? Sie ... kommen mir so bekannt vor."
„Ich bin es, Schatz. Dein Franky. Ich hab Besuch mitgebracht."
„Besuch?" Sie blinzelte verwirrt.
„Ja. Nur ´n paar Leute, die ich unterwegs aufgegabelt hab. Da is wieder ´ne Herde aufgetaucht."
„Oh nein! Jesses!"
„Hab sie abgefackelt."
„Oh." Sie lächelte breit. „Das ist gut. Das ist sehr gut."
„Brauchst du was? Was zu essen. Oder ´nen Kolder? Irgendwas?"
Sie runzelte die Stirn, als verstünde sie die Frage nicht. Dann schüttelte sie den Kopf.
„Musst es nur sagen."
„Tut mir leid, aber ... kenne ich Sie? Sie ... kommen mir so bekannt vor."
„Ich bin es, Schatz. Dein Franky."
Er streichelte ihre Wange.
„Ich bin drinne, wenn du was brauchst, ja? In der Nähe. Wie immer."
„Das ist gut", sagte sie grinsend. „Das ist sehr gut."
Er stand auf, ging zu ihnen zurück, seufzte und blickte auf seine Stiefel.
„Sie hat gute und schlechte Tage. Oder Nächte." Er schüttelte den Kopf. „Wie auch immer."
Mit einem alten Schlüssel, der so groß war wie ein Suppenlöffel, entriegelte er das Schloss. „Na, dann mal rein in die gute Stube."
Er öffnete die Tür und betrat die Hütte. Meike und

Lukas folgten ihm hinein. Der Geruch nach Urin und Alkohol war wie ein Schlag in die Magengrube. Auf einem Sekretär lagen ein paar Fresspakete der Bundeswehr neben verschiedenen Gegenständen aus Metall, die Lukas als Messer, Krähenfüße und Antipersonenminen erkannte. Mit zögerlichen Schritten gingen sie durch den Eingangsbereich und folgten ihm ins Wohnzimmer. Frank nahm das Gewehr von der Schulter. Er öffnete einen Waffenschrank, stellte das Scharfschützengewehr hinein und verschloss ihn wieder. Dann drehte er sich um, klatschte in die Hände und grinste enthusiastisch.

„Also. Wer hat Lust auf ein Bier?"

Lukas machte den Mund auf, um zu antworten, doch er brachte kein Wort über die Lippen. Er starrte auf die Trophäen, die über dem Kamin an der Wand hingen. In der Mitte hing der Kopf eines Hirsches auf einer Holzplatte, die man dem Schild eines Ritters nachempfunden zu haben schien.

Kleinere Köpfe von Frettchen, Füchsen und Dachsen waren ohne erkennbares Muster an der Wand verstreut. Dazwischen sah er amateurhaft präparierte Menschenköpfe. Käfer und Tausendfüßler krochen ihnen aus den Ohren und Nasenlöchern und wieder hinein. Die Wand war voll von ihnen.

„Beeindruckend, oder?"

Meike schluckte. Lukas trat einen Schritt vor und studierte die Gesichter. Die meisten waren weiß. Männer, Frauen und Kinder. Einigen fehlten die Augen, die Nasen und die Ohren. Doch nicht alle waren verfault. Manche wirkten so vital, dass man fast glauben konnte, sie würden die Lippen öffnen und beginnen zu sprechen.

„Meine Sammlung."
Er ging zu dem mumifizierten Schädel eines Mannes unbestimmbaren Alters. Seine Lippen waren zugenäht. Seine Augen waren schwarze Löcher.
„Das war mein Erster. Sein Name war Justus, wie dieser Detektiv. Ist jetzt ungefähr ..." Er blickte auf die gespreizten Finger seiner rechten Hand und flüsterte einen Abzählreim vor sich hin. „Du meine Güte. Neunzehn Jahre ist das mittlerweile her." Lachend schüttelte er den Kopf. „Wie die Zeit verfliegt, wenn man Spaß hat, nich wahr?"
Meike blickte Frank verständnislos an. „Aber ..."
„Mein Hobby. Ihr wisst schon. Der Fänger im Roggen und sowas."
Lukas atmete keuchend aus. Die Waffe in der Innentasche seiner Jacke schien auf einmal das Doppelte zu wiegen.
„Ich verstehe nicht."
„Richard Connell?"
Sie schüttelte den Kopf.
„Ach kommt schon, Leute. ‚The most dangerous game'?"
„Sorry. Sagt mir gar nix.", sagte sie völlig perplex.
Lukas stellte sich vor Meike. Er raunte ein einziges Wort, das ihr die Nackenhaare zur Berge stehen ließ.
„Menschenjagd."
„Eso es exactamente, Amigo", sagte Frank anerkennend. „Das trifft es genau auf den Punkt." Wie beiläufig öffnete er wieder den Waffenschrank und entnahm ihm eine Itaca Pumpgun. Er packte sie mit beiden Händen, lud durch und zielte auf Meikes Gesicht.
„Es gibt nichts Besseres."
Er schnalzte mit der Zunge und blickte erst Lukas

und dann Meike in die Augen. Die Schusswaffe in seinen Händen glich auf eine eigentümlich Weise einer luftgetrockneten Salami.
„Ich möchte ein Spiel spielen. Die Regeln sind ganz einfach. Ich frage euch: ‚Wer hat Angst vorm Schwarzen Mann?‘ Und ihr sagt dann: ‚Niemand‘. Daraufhin sage ich …“
„Und wenn er kommt“, unterbrach ihn Lukas bissig.
„Genau“, sagte Frank. „‘Und wenn er kommt, dann laufen wir.‘ Das ist der Text. Prima. Also, wollen wir?“
Lukas und Meike waren für einen Moment wie erstarrt. Doch dann packte er sie und zog sie zur Tür. Sie liefen durch den Flur, auf den Ausgang zu und hasteten die Verandastufen hinunter. Lukas bückte sich vor die erste Stufe. Er legte etwas ab. In den Schatten war es nahezu unsichtbar.
„Komm“, schrie sie ihn an. „Komm schon!“
Die Frau im Schaukelstuhl drehte langsam den Kopf in ihre Richtung und blinzelte. Abwesend lächelte sie Lukas an. „Kennen wir uns?“ Ihr Blick war glasig und leer. Er antworte nicht, sondern packte Meikes Hand und zog sie mit sich. Binnen weniger Augenblicke hatten die Schatten des Waldes sie verschlungen.
„Wo sollen wir hin? Wo …“
Der Laut einer Explosion hallte durch den Wald. Lukas atmete keuchend aus.
„Er hat die Mine gefunden.“
„Die … was?“
Er winkte ab. „Nich so wichtig. Wir müssen weiter. Irgendwohin, wo wir uns verstecken können, wenn es Tag ist. Wo uns keiner findet, wenn sie wieder zum Leben erwachen.“

Mühsam bahnten sie sich einen Weg durch das Unterholz, stiegen über umgestürzte Bäume und scharfkantige Felsbrocken, durchquerten vertrocknete Weizenfelder und wateten durch einen Fluss ans andere Ufer, von dem sich Lukas nicht sicher war, ob es sich um die Ohm oder die Lahn handelte. Stundenlang liefen sie durch das Waldgebiet.
Am Abgrund einer Schlucht blieben sie stehen. Ein Erdrutsch hatte eine Schneise in die Peripherie geschlagen, die Ähnlichkeiten mit dem Fußabdruck eines Riesen hatte.
Die Leichen lagen überall auf dem Erdboden verstreut, soweit das Auge blicken konnte. Sie sahen aus, als würden sie schlafen. Meike erkannte Hände, Wirbel, Rippenknochen und die blind glotzenden Visagen grauer faltiger Knochenschädel. Konturen wurden sichtbar im Zwielicht der Morgenröte.
„Das ist er", rief sie erschrocken.
„Wer?", fragte Lukas panisch. Er blickte sich gehetzt um, doch auch der Rückweg war von zitternden, sich aufbäumenden Leibern versperrt. „Wen zum Teufel meinst du?"
„Er", sagte sie. Ihr Finger zeigte auf einen Körper in der Mitte der Schlucht. Er trug eine hellgrüne Perücke, ein kanariengelbes Hemd und eine hellblaue Blume im Knopfloch seines blutbespritzten violetten Jacketts. Seine Schuhe waren absurd groß.
„Er ist uns gefolgt", sagte sie atemlos. „Den ganzen Weg gefolgt. Er ... er muss wochenlang unterwegs gewesen sein. Ohne Pause."
„Aber das würde ja heißen, dass er und alle anderen, denen wir begegnet sind ..."
Er stockte. Nicht weit von den ovalen Schuhspitzen

des Clowns erblickte er den verstümmelten Leib der Frau in dem weißen Hochzeitskleid. Die blutigen Stummel ihrer Arme zuckten im Licht der aufgehenden Sonne.
„Wir müssen weiter", rief er mit vor Entsetzen bebender Stimme. „Bevor es hell wird ... müssen wir ..."
„Nein," sagte Meike ruhig. „Wir können nirgends hin. Sie werden uns immer auf den Fersen sein. Jeder von denen. Jeder Einzelne. Alle, denen wir jemals über den Weg gelaufen sind und die unseren Geruch kennen und unsere Fährte aufgenommen haben. Sie ... sie werden uns finden. Es gibt keinen Ort, an dem ... an dem wir sicher sind."
Er hielt inne. Zögernd ging er auf sie zu. Dann nahm er sie in den Arm und hielt sie fest umschlungen.
Sie hörten die glasklare Melodie eines Singvogels, der den neuen Tag begrüßte. Die Hageren erwachten. In einer scheinbar perfekt choreographierten, simultanen Bewegung erhoben sich hunderttausende abgemagerte und blutverschmierte Körper und setzten sich in Bewegung. Ein Flutwelle aus Fleisch, Haut, Knochen und unzähligen Zähnen.
Lukas senkte den Kopf. Er legte eine Hand auf ihre Wange und sah sie an. „Ich liebe dich." Er griff in seine Jackentasche und holte den Revolver heraus. „Ich habe dich immer geliebt." Dann presste er den Lauf an ihre Schläfe, spannte den Hahn und legte den Zeigefinger auf den Abzug.
„Einen Penny für deine Gedanken."
Langsam hob sie den Kopf und blickte ihm in die Augen. Und als er abdrückte, lächelte sie.

Teufelswerk

„Jo mei", begann der junge Mann mit den roten Haaren mit brüchiger Stimme zu erzählen, während er seinen Glühwein schlürfte. „I woass aa ned genau, wos passiad is."
Er starrte irgendwo in die Mitte des Raumes und die gut zwei Dutzend Besucher und Gäste der Hotelbar hingen gebannt an seinen Lippen.
„'s war de Agnes. De ‚Schdoanane Agnes'. Sie hod sie si gnumma, hod sie ... khoid. Aus am Reng."
„Jessas! Bist narrisch?" Der Wirt putzte ein Glas auf Hochglanz, während er den jungen Mann fixierte, mit stechendem Blick und versteinerter Miene. „I glab, dir brennt da Huat!"
Sein glatzköpfiger Schädel glänzte ebenfalls. Er schwitzte in der Hitze des weihnachtlich geschmückten Raumes, die das eisige Schneetreiben vor dem Resort konterkarierte.
„Doch! 's war ..."

... ein herrlicher Tag.
Thomas und Frederike rücken näher zusammen und machen ein Selfie von sich unter ihrem kanariengelben Regenschirm. Die Polaroid spuckt ratternd ein Foto aus und verstummt schlagartig. Am Wegesrand wuchert Almrausch zwischen Felsen, Moosflechten und Asterblüten.
Eine Amsel beschwert sich lauthals im Dickicht. Flammend geht die Sonne unter hinter der Taille der ‚schlafenden Hexe' und beleuchtet das Gebirgsmassiv an der Rückseite, sodass die Silhouette wie der Scherenschnitt eines Schattentheaters schwerelos

in der Abenddämmerung zu schweben scheint.
Kurz nach dem Mittagessen waren sie aufgebrochen, doch wegen des Regens, der über dem Land liegt wie ein dichter Schleier, kommen sie langsamer voran, als Florian gedacht hat.
„Wenn's fei weidergehn, keman mia zum Fuaßweg duach de Bärengrube, wo ma jeds Joar de Knochn de Bärenjunga findet."
„Bärenjungen?"
Vorsichtig tritt Thomas vor und wirft einen Blick in den Steintrichter, auf dessen Grund blanke Gebeine in der Mittagssonne glänzen. Rückenwirbel, Ellen, Tatzen, Beckenknochen, Rippen, Schienbeine und gelbliche, gefletschte Reißzähne unter tiefschwarzen Augenhöhlen.
„De Hexn braan des Fett vo de Jungviecher, um Flugsalbe herzustäin. So wia in dem Fuim mitm Julian Sands. ‚Warlock. Satans Bua.'"
Der Regen nimmt an Intensität zu, doch er ist nicht unangenehm. Die Kapuzen ihrer wasserabweisenden Kleidung halten sie zuverlässig trocken. Frederikes Regenschirm ist eine Insel inmitten omnipräsenter Naturgewalten.
„Nie gesehen", sagt Thomas trocken und saugt schnaufend die Bergluft ein. Zischend lässt er sie durch die Nase wieder entweichen, wie ein Rennpferd kurz vor dem Start.
Frederike holt eine Pillendose aus ihrer Jackentasche und reicht sie Thomas zusammen mit ihrer Trinkflasche.
„Ah, danke. Was würde ich nur ohne dich machen, ma chèrie?"
Sie zieht die Brauen hoch und kichert, doch Florians

fragender Blick entgeht ihr nicht.
„Wos is des?“, fragt der junge Mountain-Guide. „Vitamine?“
„Betablocker. Und ich würde diese verdammten Dinger bestimmt jedes Mal vergessen.“
Er gibt ihr die mit einer Arsenmischung gefüllten Retardkapseln zurück, nimmt eine in den Mund und spült sie mit Tee aus der Trinkflasche hinunter.
Seine goldene Rolex reflektiert blitzend das Sonnenlicht und Frederike denkt nicht zum ersten Mal an diesem Tag, dass diese Uhr bald ihr gehören wird. Zusammen mit Thomas' Computerfirma, der Villa und dem knallroten Porsche, den er so sehr liebt.

„Habgier ist ein feistes Laster.“
Der Wirt blickte verständnislos. „Wos soi des ´etz hoassn?“
Der junge Mann zuckte mit den Schultern und umfasste die dampfende Tasse fester, sodass die Hitze des Getränks fast schmerzhaft auf seinen Handflächen brannte.
„I woass doch aa ned, aba des is, wos I gehört hob, im Reng. Ois sie kema is.“
Er erschauerte.
„Dann hod´s richtig ogfanga zua Schüttnn und I hob nix mehr vanomma, außa ...“
Er schwieg, doch es war ein heiseres Schweigen, wie die Ruhe vor dem Sturm.
„Außa ... wos?“
Der Wirt wirkte ungehalten, sprach jedoch lediglich aus, was allen auf der Zunge lag.
„De Schreie. Sie hod gschrien. Im Reng.“

Das Unwetter ist mit einem Mal genau über ihnen. Es zerschneidet das Panorama in die glitzernden Fäden kalter Reflexionen, sodass der Karkopf in der Ferne wirkt wie ein vertikal schwimmender Haufen Gesteinsbrocken.

„Da Watzmo buidt den Hintergrund fia de Felsfoamation, de in dea Gegend bekannt is unta am Naman ‚Schdoanane Agnes'. Da Soge noch soi ‘s si dabei um a Hexe gehandelt hom, de oan Pakt mit am Deife gschlossn hod, um ihrn Oida in de Hölle zua schickn, weil ea ihr noch am Lebn trachtet hod, aba ..."

„Welche Formation meinen Sie?"

Thomas macht einen verwirrten Eindruck auf Frederike, wie er mit zusammengekniffenen Augen die Berglandschaft absucht.

„Da voan", sagt Florian, „glei hinta am ... "

Er stockt. Der Platz, wo die ‚Steinerne Agnes' hätte stehen müssen, ist leer. Schlagartig wird der Regen zu einer massiven Wand, die über sie kommt, als sich etwas durch die wabernde Finsternis windet, hinter den Wasserschleiern hervorkommt und auf Frederike zuschwebt wie ein Phantom aus Nässe, Stein und unzähligen Zähnen. Wie Stricknadeln säumen sie den unnatürlich breiten Schlund der schattenartigen Vettel, die sich aus der Dunkelheit schält und der jungen Frau entgegentritt. Ihr Kopf glänzt wie ein blanker Schädel. Ihre glitzernden Augäpfel gleichen glühenden Kohlen. Die grinsende Kreatur richtet sich auf und Frederike muss an eine angriffslustige Schlange denken, doch als das Wesen an den Seiten seines chitinösen, flatternden Leibes eine Vielzahl von Gliedmaßen entfaltet, drängt sich ihr das Bild einer aufrechtstehenden Kellerassel auf.

Mit zischender Stimme beginnt das insektoide Ding Frederike Wortfetzen entgegen zu spucken, während die Rufe der beiden Männer ungehört verhallen, als würden sie Welten voneinander trennen.
„Habgier ist ein feistes Laster. Tod und Teufel im Versteck. Klebrigsüßer Madenspeck. Krötenauge, abgeleckt. Weiß wie Schnee blüht nur die Aster. Dreimal drei und du bist ... “

„... weg. Wia vom Eadbodn vaschluckt! Ois, wos mia gfundn hom, war de Polaroid, mid da letzdn Aufnahme, und de ‚Schdoanane Agnes', de wieda do is, wo sie war. Außa, dass sie ‘etz Gsejschoft hod.“ Er hustete nervös. „Voa da Agnes städ ‘etz no a Felsn, a gloaa, schlanka, mid am Asterbusch, dea auf seim Kopf wachst.“
„Jo mei, Flori! Schleich Di! Du klingst wia a bsuffans Wogscheitl!“
Der junge Mann ließ den Vorwurf unbeantwortet im Raum stehen, zog einen rechteckigen Gegenstand aus seiner Brusttasche und klatschte ihn auf den Tresen.
Ein Foto.
Es war eine Studie in Grau.
Vertikale Streifen.
Unwetterleuchten in der Ferne.
Im Zentrum schwebte das faltige Gesicht einer alten Frau. Sie schien zu lächeln, mit der zähnebleckenden Anatomie maritimer Karnivoren, die der Physiognomie von Tiefseefischen eigen ist.
„I hob ma des Hirn zamartert, an wos mi de schdoanane Gstoid eainnert hod, doch dann is ´s ma wia Schuppn vo den Augn gefoin.“

Er machte eine bedeutungsvolle Pause, setzte an, blickte verschwörerisch durch die Runde und flüsterte: „Sie sieht fei aus, wie a Weibsbild, de oan Paraplui in da Bratz hoit."

Namagashi

„Die Schönheit der Dinge
lebt in der Seele dessen,
der sie betrachtet."
David Hume (1711–1776)

Sir Mortimer Gladstone nahm die zierliche Porzellantasse vom Beistelltisch und trank einen Schluck Tee.
Sein blasses Gesicht im Spiegel blickte müde zurück. Seine Wangen waren gerötet und er konnte noch den Portwein des Vorabends auf der Zunge schmecken. Über dem Spiegel erstrahlte eine LED-Leuchte. Sie tauchte den kleinen Raum in ein kaltes, grelles Licht, das fast schon steril wirkte.
Der süße Geruch nach Pfefferminz und Zitrone lag in der Luft. Er vermischte sich mit dem schweren Duft der Lotionen und Cremes der asiatischen Maskenbildnerin, die ihre Utensilien bereitlegte.
Ihr tiefschwarzes Pony endete in einer kerzengeraden Linie über ihren feinen Brauen. Über ihrem linken Ohr steckte eine kunstvoll drapierte Kirschblüte in ihrem Haar, die sowohl schlicht als auch edel wirkte.
Mit einer schwungvollen Bewegung bedeckte sie Hals, Brust und Schultern des britischen Schauspielers mit einem weißen Tuch und verknotete es in seinem Nacken. Ihre Handgriffe zeugten von Sorgfalt und Routine.
„Wie ist dein Name, Mädchen?"
Gladstones ergraute Bartstoppeln, die er sich stehen ließ, um seiner Rolle mehr Charakter und

Tiefe zu verleihen, ließen sein wahres Alter erahnen, das durch seine jugendlich anmutende Haut verschleiert wurde. Die junge Frau blinzelte und blickte zu Boden.
„Nayuki."
Ihre Stimme war klar und hell. Sie sprach leise und vermied es auf eine rücksichtsvolle Art, ihm direkt in die Augen zu sehen.
„Ich bin eingesprungen für Daphne. Sie hat sich den Fuß gebrochen."
„Ach ja, richtig", erinnerte er sich. „Beim Hausputz, stimmt's?"
„Das weiß ich nicht genau, Sir Mortimer."
„Woher kommst du?"
„Aus einem Dorf in der Provinz Wakasa, mein Herr. In Hokurikudo. Wir sind für unseren Reis bekannt."
„Japan?"
„Hai, so desu. Ich meine ... ja. In Japan, Sir Mortimer."
Er nahm noch einen Schluck Tee und stellte die Tasse zurück. Als er sich vorbeugte konnte er den Flachmann in seiner Hosentasche spüren.
„Du weißt doch, worauf es bei meiner Rolle ankommt, oder?"
Er verlieh seiner Stimme eine gewisse Härte, hoffte jedoch, dass er nicht übertrieb und der Visagistin zu nahe trat.
„Hamlet ist ein Prinz. Ein Gott in seiner Welt. Er ist gutaussehend, scharfzüngig, gerissen, weltgewandt und einzigartig eloquent. Ein echter Womanizer, gegen den Casanova alt aussieht. Und er ist in seinen besten Jahren. Im Gegensatz zu mir."

Er sagte es scherzhaft, doch die junge Frau in dem dunkelblauen Kimono war um eine Antwort verlegen. Sie nickte, hob den Kopf und nickte erneut.
„Hai“, sagte sie mit fester Stimme. „Bei der Planung der Makiage wurden diese Dinge besprochen. Ich beginne mit einer Reinigung der Derma. Einem Peeling. Passendes Puder für die Hautfarbe und zum Abdecken feinster Falten. Es soll nicht ... wie sagt man? Kagayaku. Es soll nicht glänzen auf der Bühne.“
Sie öffnete ein verschnürtes Bündel, entnahm ihm Pinsel unterschiedlicher Größe und Stärke und legte sie auf einem Filztuch in ordentlichen Reihen nebeneinander auf die Ablagefläche eines Rollwagens. Dann betätigte sie ein Fußpedal und ein glitzernder Strahl warmen Wassers ergoss sich in das Waschbecken vor Gladstone.
„Die ganze Welt ist eine Bühne“, raunte er verschwörerisch. „Und alle Frauen und Männer bloße Spieler.“
Nayuki blinzelte schüchtern. Auf eine akkurate Weise wirkten ihre schwarzen Haare wie ein Helm. Ihre Gesichtszüge schienen zeitlos zu sein.
„Ja, aber es heißt auch, wenn man den Eindruck hat, dass das Leben ist wie ein Theater, dann muss man suchen eine Rolle, die Freude bringt.“
Gladstone lachte. Er blickte ihr Spiegelbild anerkennend an und zog überrascht eine Braue hoch.
„Hört, hört“, rief er mit tönender Stimme. „Diese junge Frau weiß ihren Shakespeare wohl zu zitieren.“
Nayuki zuckte verlegen mit den Schultern und konnte ein leichtes Erröten ihrer Wangen nicht

verbergen. Sie nahm einen Naturschwamm, hielt ihn unter den Wasserstahl, massierte die Gesichtsmuskulatur des Schauspielers ein und trug eine Tinktur auf, die leicht nach Lavendel duftete.
„Hab ich so aufgeschnappt. Als jemand seinen Text übte. In der Maske."
Er lachte herzlich.
„Eine Rolle, die Freude bringt. Ha! Dass ich nicht lache."
Er rieb sein unrasiertes Kinn und betrachtete sein Konterfei im Spiegel. Seine hellen eisblauen Augen schienen im kalten Licht des LED-Strahlers weiß zu sein.
„Weißt du, welche Rollen Freude bringen?"
Sie schüttelte schüchtern den Kopf.
„Nur die großen Rollen. Ich war Romeo. Ich war König Lear. Ich war das verdammte Phantom der Oper."
Er schnaubte theatralisch.
„Natürlich musste es Hamlet sein, alles andere sind Nebenrollen. Das Stück heißt ja auch nicht ‚Ballade des Königs, der seine komische Tochter an einen Prinzen verschachern wollte'. Es heißt ‚Hamlet'. Und die Presse ist sich jetzt schon einig."
„Was sagen sie?", fragte Nayuki, wünschte sich jedoch im selben Moment, sie hätte geschwiegen, aus Angst, seine Antwort könnte ihn in Verlegenheit bringen.
„Sie nennen mich den wohl schönsten Hamlet, den es je gegeben hat. Nicht der beste, aber der schönste. Na immerhin."
Nayuki legte den Schwamm weg. Sie nahm einen Pinsel zur Hand und strich mit schnellen, klar

akzentuierten Hieben Wangenknochen, Stirnpartie, Kinn und Hals ein, um sowohl die Reflexionsfähigkeit der Haut zu minimieren, als auch eine optische Verjüngung durch die Korrektur der Farbtemperatur zu erwirken.

„Das klingt trotzdem wie ein Kompliment für meine Ohren."

Sie betätigte das Fußpedal erneut und das Wasser hörte abrupt auf zu fließen, als hätte man den Strahl in der Luft abgeschnitten.

„Sie sind der schönste Hamlet, den es je gegeben hat. Das ist doch was."

Er lachte und nickte mit dem Kopf.

„Ja, das mag stimmen. Das ist doch was, wovon man zehren kann, während des Wartens auf des Schlafes Bruder."

Gladstone holte tief Luft. Sein entspannter Gesichtsausdruck wich leidenschaftlicher Ernsthaftigkeit, als er seine Identität abstreifte und zu Hamlet wurde.

„Das unentdeckte Land, von dessen Bezirk //
Kein Wandrer wiederkehrt, den Willen irrt, //
Dass wir die Übel, die wir haben, lieber //
Ertragen als zu unbekannten fliehn. //
So macht Bewusstsein Feige aus uns allen, //
Der angebornen Farbe der Entschließung //
Wird des Gedankens Blässe angekränkelt; //
Und Unternehmen, hochgezielt und wertvoll, //
Durch diese Rücksicht aus der Bahn gelenkt, //
Verlieren so der Handlung Namen."

Die junge Maskenbildnerin war sichtlich berührt.

„Wenn ich das sagen darf, Sir Mortimer. Das war ergreifend."

Er deutete sitzend eine klassische Verbeugung an und lächelte breit, sodass sich seine Krähenfüße tief in seine Augenwinkel eingruben.
„Was heißt ‚Danke' auf Japanisch?"
„Dōmo arigatō gozaimasu."
„Aha. Ich glaube", sagte er amüsiert, „das ist mir zu kompliziert. Doch Schmeicheleien sind stets willkommen. Und wer das Gegenteil behauptet, ist nur verbittert, weil ihm niemand schmeichelt."
Er nahm die Tasse, trank sie aus und stellte sie wieder auf den Beistelltisch.
„Wohlan, holde Maid" intonierte er voller Inbrunst.
„Mache sie einen Prinzen aus mir, dem der Zahn der Zeit nichts anzuhaben vermochte, wenn auch für wenige Stunden nur, um diesen Anblick zu Ewigkeit gemacht zu haben, auf den Brettern, die die Welt bedeuten. Denn dem Spiegel glaub' ich nimmer meine Jahre, // Solange dir die Jugend sich gesellt, // Doch wenn ich Furchen erst an dir gewahre, // Dann weiß ich, dass mein Leben auch verfällt."

„Mein Prinz, wie geht es Euch seit so viel Tagen?"
Miriam Netzers Ophelia schlägt gekünstelt langsam die Augen auf und öffnet den Mund. Ihre perfekten blendend weißen Zähne werden für einen kurzen Augenblick sichtbar. Sie betonen ihre vollen karmesinroten Lippen.
Sir Mortimer Gladstones Hamlet macht einen mächtigen Satz in den Raum hinein. Verwegen blickt er ins Publikum.
Der wallende dunkelgraue Umhang, der bis zu

seinen Knien reicht, wird an seiner linken Hüfte mit einer metallenen Klammer am Hosenbund gehalten, sodass er den Gang des Prinzen nicht behindert. Seine linke Hand ruht auf dem Griff des Degens, den er am Gürtel trägt.
Er dreht sich zu Ophelia um und nimmt sie in Augenschein.
„Dank untertänigst. Wohl, wohl, wohl."
Ophelia seufzt schwer. Sie blinzelt auf eine Weise, die damenhaft aussehen soll, jedoch beinahe erschrocken wirkt.
„Mein Prinz", fleht sie. In ihren Händen hält sie ein glitzerndes goldenes Schmuckstück.
„Ich habe von Euch noch Angedenken, die ich schon längst begehrt, zurückzugeben. Ich bitt Euch nun, nehmt sie zurück!"
„Nein!", ruft Hamlet entrüstet. „Ich nicht! Ich gab Euch niemals was!"
„Mein teurer Prinz. Ihr wisst ganz wohl, Ihr tatets. Und Worte sollen süßen Hauchs dabei, die reicher Dinge machten. Da ihr Duft dahin, nehmt dies zurück. Dem edleren Gemüte verarmt die Gabe mit des Gebers Güte. Hier, gnädger Herr."
„Ha!", stößt der Prinz hustend hervor. Ein explosionsartiger Laut, bei dem er aus dem Augenwinkel heraus das Publikum erschrocken zusammenzucken sieht. Er setzt ein Grinsen auf, starrt Ophelia an und zeigt in ihre Richtung.
„Seid Ihr tugendhaft?"
Sie blickt schockiert zurück und hält die Hand vor den Mund, als müsse sie einen Schrei unterdrücken.
„Gnädger Herr?"

Wie Irrlichter schweben die FFP2-Masken der Besucher in der Dunkelheit hinter den ausgeleuchteten Bereichen der Bühne. Die Elbphilharmonie ist nahezu ausverkauft, doch nur ein Teil der Plätze ist belegt, weil zwischen jedem dritten Platz ein Sitz ausgespart wird.
Die Gesichter der Zuschauer sind leuchtende Rohrschachtests. Blinzelnde, konturlose und scheinbar seelenlose Visagen, die mit versteinertem Blick zu ihm herauf starren.
Masken.
„Seid Ihr ..."
Dann sieht er sie.
Die Frau in Rot.
Als erstes fällt ihm die grelle Farbe ihres Mantels auf, die in der Dunkelheit zu glühen scheint. Ihre langen schwarzen Haare umrahmen ihr blasses, schmales Gesicht. Sie liegen auf ihren Schultern. Ihr Mittelscheitel ist eine gerade Linie. Der Kragen ihres Hemds ist schneeweiß. Ihre hypnotisierend schönen Augen wirken fast schwarz.
Mühelos überbrückt ihr Blick die Distanz zwischen Sitzplatz und Bühne und Gladstone läuft ein Schauer über den Rücken.
„Was bin ich?", fragt Ophelia ungeduldig. Vereinzelte Lacher im Publikum ertönen und reißen Gladstone aus seinen Gedanken.
„Seid Ihr ... seid ihr schön, liebste Ophelia?"
„Was meint Eure Hoheit?"
Er blickt erneut zu den Zuschauerrängen, doch der Sitz der Frau in Rot ist verlassen und leer.
Der Schauspieler blinzelt erstaunt. Er schaut sich um, atmet tief ein, wendet sich Ophelia zu und

wird wieder zu Hamlet.
„Dass, wenn Ihr tugendhaft und schön seid, Eure Tugend keinen Verkehr mit Eurer Schönheit pflegen muss."
„Könnte Schönheit wohl bessern Umgang haben als mit der Tugend?", lacht sie heiser.
Beiläufig versucht Gladstone in der Masse der Körper auf den Rängen Einzelheiten zu erkennen, doch die Scheinwerfer blenden ihn, sodass die Umrisse der Zuschauer Phantome in der Tiefe des gewaltigen Raumes bleiben. Amorphe Schemen in der fernen Finsternis.
Seine Stimme klingt kleinlaut, als er ihr mit matter Stimme antwortet.
„Nein."
Ein Raunen geht durch das Publikum. Er sieht die Souffleuse wild mit der Hand winken und ein Wort flüstern. Er kann es von ihren Lippen ablesen.
„Ehm, ich meine doch", versichert Hamlet eilig. „Ja, freilich! Das will ich doch hoffen!"
Das Gelächter, das den Saal erfüllt, scheint ein Echo zu erzeugen.
Beherzt macht der Prinz einen energischen Schritt Richtung Publikum und hebt die rechte Hand auf eine theatralische, mahnende Weise, die die Zuschauer verstummen lässt.
Und die Welt war Schweigen.
„Denn die Macht der Schönheit …", beginnt er leise, fast zaghaft, mit lauter werdender Stimme, „… die Macht der Schönheit wird eher die Tugend in eine Kupplerin verwandeln, als die Kraft der Tugend die Schönheit sich ähnlich machen kann."

Gladstone hielt auf den Stufen zum Erdgeschoss inne. Er steckte sich eine Zigarette an, zog daran und ließ den Qualm in Ringen entweichen.
Leichtfüßig ging er die Treppe hinunter und betrat die Plaza. Verstohlen blickte er über beide Schultern, um sich vergewissern, dass er allein war. Er griff in die Hosentasche, zog den Flachmann heraus, schraubte ihn auf, nahm einen tiefen Schluck und stöhnte befriedigt auf.
Für einen Augenblick schloss er die Augen. Dann verschraubte er die Flasche wieder, steckte sie zurück und machte einen Schritt in Richtung Eingangshalle, als er aus den Augenwinkeln heraus etwas wahrnahm.
Ein Schatten im Flur.
Die Frau in Rot.
Reglos stand sie auf dem Gang, als ob sie auf etwas wartete. Sie kicherte leise. Ihr langes schwarzes Haar lag auf ihren Schultern. Ihr Mund wurde von einer FFP2-Maske verdeckt.
„Hat Ihnen die Vorstellung gefallen?", brachte er hervor. Seine Worte hallten verloren durch den Flur und klangen merkwürdig hohl. Die Frau antwortete nicht. Sie legte den Kopf schief und starrte zu ihm herüber. Wieder kicherte sie leise.
Er drückte die Zigarette in einem Aschenbecher aus, ging auf sie zu und blieb vor ihr stehen. Ein Grinsen umspielte seine Lippen. Sie starrte ihn an, ohne zu blinzeln. Die Falten in ihren Augenwinkeln legten den Verdacht nahe, dass sie lächelte. Ihre Haut war makellos.
„Findest du mich hübsch?"
Ihr Blick bekam etwas Flehendes, Sehnsüchtiges.

„Oh ja", hörte Gladstone sich sagen, der in ihrem blassen Antlitz die Erhabenheit einer Sphinx zu erblicken meinte. „Das seid Ihr wohl."
Sie schien sich über seine Antwort zu freuen. Mit der rechten Hand zog sie sich ihren Mundschutz vom Gesicht und entblößte ein surreal breites Grinsen.
„Auch jetzt noch?"
Entsetzt taumelte Gladstone zurück. Seine Augen waren weit aufgerissen.
„Was ist mit Ihnen?"
„Findest du mich noch immer ... hübsch?"
Die Kreatur spuckte das letzte Wort förmlich aus. Ihr Grinsen schien ihr Gesicht in zwei klaffende Hälften zu zerschneiden. Ihr Innerstes war von einem Rot, gegen das die Farbe von Blut blass wirkte.
„Was ... was zur Hölle bist du?"
Sie lachte zähnebleckend, griff unter ihren Mantel und holte einen metallenen Gegenstand hervor. Das Ding in ihrer Hand erinnerte Gladstone vage an eine überdimensionale Schere.
Die gewaltigen Klingen öffneten sich mit einem schabenden Geräusch und schnappten wieder zu mit dem Klang eines Fallbeils.
„Ich bin hübsch, hast du gesagt."
Wieder schnappten die Klingen zu.
„Ich bin schön, hast du gesagt."
Aus der Nähe konnte er sehen, dass ihre Augen tatsächlich schwarz waren. Sie funkelten wie Obsidian in einem Meer aus Tränen. Mit einem schleifenden Geräusch öffneten sich die Scherenblätter und verharrten direkt vor seinen Augen.

„Und ich werde auch dich schön machen. Auf ewig ... schön."

Nayuki nimmt ihre Pinsel vom Tisch, steckt sie an ihren Platz der Stofftasche und verschnürt sie, als Gladstone hereinstürmt, die Tür hinter sich zuwirft und verriegelt. Sie legt das Bündel auf den Tisch. Fragend blickt sie ihn an, geht auf ihn zu und fasst ihn sanft am Ellenbogen.
„Was ist, Sir Mortimer? Stimmt etwas nicht?"
„Muss laufen ... weg ... nur weg, ich ... sie ist hinter mir her, sie ..."
„Wer ist hinter Ihnen her, Sir Mortimer?"
Erschrocken blickt der Schauspieler die junge Japanerin an und schnappt keuchend nach Luft.
„Eine Frau", schnauft er panisch. „Eine Frau ist hinter mir her, sie ... sie hat gelächelt, und ... ihr Mund war völlig zerfetzt. Blut ... überall. Ein breites Lachen, tief ... hineingeschnitten, sie ..."
Nayuki zuckt zusammen und ringt um Fassung.
„Diese Frau. Hatte sie etwas Rotes an?"
„Ja", ruft er. „Einen roten Regenmantel, glaube ich. Oder einen Umhang. Aber definitiv rot."
Sie nickt und flüstert zwei Worte, die er akustisch nicht versteht.
„Was haben Sie gesagt?"
„Kuchisake Onna. Die Frau mit dem zerrissenen Mund. Sie soll einst von ihrem Ehemann, der ein Samurai war, brutal verstümmelt worden sein. Als sie starb, verhöhnte er sie noch und rief: ‚Wer wird dich jetzt noch schön finden?' Seitdem ist sie ein ruheloser, zorniger Geist, der jedem das Gesicht zerschneidet, der sie für schön hält. Sie ist

eine verbitterte Seele, eine zornige Seele, die Hass in sich trägt, wo einst Liebe wohnte."
„Aha. Ich versteh 's nicht."
„Was verstehen Sie nicht, Sir Mortimer?"
„Ich versteh 's einfach nicht. Warum ich? Warum zum Geier ich?"
Nayuki überlegt und wählt ihre Worte mit Bedacht.
„Vielleicht ist es, weil Sie schön sind, Sir Mortimer. Kuchisake Onna ist besessen von Schönheit und allem, was schön ist. Ich glaube, sie will schön sein, in Ihren Augen schön sein. Ich glaube, sie ist deshalb hier."
„Sag mal hast du eigentlich gar kein Problem mit der Geschichte? Ich erzähle dir hier von Dämonen und ..."
„Kein Dämon, Sir Mortimer. Kuchisake Onna ist das, was man in meiner Heimat als ‚Rachegeist' bezeichnet. Onryō."
„Whatever! Ich erzähl´ dir davon, und du ... du glaubst mir einfach?"
Sie atmet tief ein und lässt die Luft mit einem schnellen Stoß entweichen.
„Ja, das tue ich. Ich glaube Ihnen, weil ich Ihnen vertraue, Sir Mortimer. Und ich glaube, dass es mehr Dinge zwischen Himmel und Erde gibt, als unsere Schulweisheit uns träumen lässt. Ich denke, sie ist ... Noroi. Ein Fluch. Und da, wo ich herkomme, weiß man, dass man Flüche brechen kann."
Die junge Frau schnappt sich ihren Hello-Kitty-Rucksack, schultert ihn und nimmt eine mobile Leuchte aus dem Hängeregal.

„Wir müssen an einen Ort in diesem Gebäude, an dem Sie noch niemals waren und den Sie niemals wieder betreten werden. Ein Ort ohne Fenster, an den nur ein Übergang führt. Nur ein ... Deguchi ... ein Ausgang. Es muss eine Sackgasse sein. Ein Ort, an dem Feuchtigkeit kein Problem ist."
Er nickt, als ob er verstünde, was sie damit meint.
„Kennen Sie einen solchen Ort, Sir Mortimer?"
Gladstone denkt fieberhaft nach und versucht, sich an den Grundriss des Opernhauses zu erinnern. An den Evakuierungsplan, die Wartungstunnel, die Kellerräume.
Und an die Ebenen darunter.
„Ja, den gibt es. Neben der Tiefgarage ist ein Betriebsraum. Vier Wände. Fünfzig Zentimeter dicker Stahlbeton. Gewässerschutzbeschichtung. Nur ein Ausgang."
Sie nickt mit hochgezogenen Brauen. Ihr Blick zeugt von ihrer Entschlossenheit.
„Beeilen wir uns. Kuchisake Onna ist schnell. Sie ist Aku ... das Böse. Also, wie kommen wir schnell nach unten? Isoganeba narimasen!"
„Wie bitte?"
„Wir müssen schnell sein."
„Ach so. Okay. Der Hochgeschwindigkeitsaufzug für die VIPs kann uns innerhalb ..."
„Die Frau mit dem zerrissenen Mund kann sich unglaublich schnell fortbewegen, wenn sie es möchte. Außerdem besitzt sie die Fähigkeit zum Körpertausch und kann jede Stimme nachahmen, die sie einmal gehört hat. Sie ist machtvoll und darf nicht unterschätzt werden, aber sie kann keine Treppen steigen. Aus irgendeinem Grund ist

sie dazu nicht in der Lage. Wahrscheinlich ist sie deshalb nicht schon ..."
„Wohlan", unterbricht Gladstones Julius Cäsar die junge Frau mit erregter Stimme, in der man seine Angst unter dem Deckmantel des Mutes deutlich heraushören kann.
„Lasst Mord uns rufen und des Krieges Hund' entfesseln! Nehmen wir das Treppenhaus!"

Als sie den Raum hinter der Tiefgarage erreichten, hörten sie ein Geräusch in der Tiefe der Elbphilharmonie. Ein brüchiges, kränkliches Lachen. Es kam näher, hallte durch das Souterrain und schien ein Echo zu erzeugen.
„Sie hat uns gefunden."
In Nayukis Augen blitzte Panik auf, doch ihr Gesicht ließ keine Furcht erkennen, nur Stärke. „Kommen Sie, Sir Mortimer."
Sie nahm ihn bei der Hand.
„Kommen Sie herein."
Er hatte Mühe, sich zu orientieren. Nayukis Lampe war die einzige Lichtquelle und erhellte die Schwärze des Raumes nur spärlich.
Der nackte, nahezu quadratische Raum, der als Hydraulikraum genutzt werden sollte, war groß genug, um sich darin zu verlaufen. Es war kalt. Der Geruch eines Ortes, an dem nie etwas gelebt hatte, war unverkennbar.
„Und jetzt?"
„Wir müssen an die Position des Raumes, die am weitesten vom Ausgang entfernt ist, bevor sie kommt. Wir müssen ..."
Das Kichern war im Flur. Es war glasklar und

erinnerte ihn merkwürdigerweise an die gurgelnden Klänge ertrinkender Welpen. Mit jedem Augenblick wurde das Geräusch lauter.
Langsam, wie in Zeitlupe, schob sich ein Kopf durch die Türöffnung. Mit vorsichtigen Schritten betrat die Frau mit dem zerrissenen Mund den Raum. Ihr Kopf fuhr herum. Ihre rollenden Augen fixierten Gladstone. Ihr irres Grinsen war ein blutiger Schnitt in ihrem Fleisch.
„Schausteller!"
Mit ungelenken Schritten stolperte sie auf ihn zu. Ihre Bewegungen waren ruckartig und verkrampft. Eine im Herbstwind flatternde Vogelscheuche auf einem Feld bei Nacht.
Hinter ihr tanzte ihr Schatten an der Wand, verzerrt und vervielfältigt durch das Licht von Nayukis Taschenlampe.
„Mein Prinz!"
Unvermittelt stand sie vor ihm. Sie spreizte die Finger ihrer linken Hand und streichelte seine Wange auf eine fast zärtliche Weise. Ihre zitternden Finger waren kalt und rau. Sie erinnerten ihn an die feinen Äste toter Bäume im Winter.
„Sind sie nicht alle wegen deiner Schönheit gekommen?"
Ihre Stimme klang auf eine verstörende Weise mechanisch. Etwas Nichtmenschliches, das den Eindruck von Menschlichkeit erwecken wollte.
„Die alten Damen und Jungfern, die von dir träumen, Schausteller! Die dich lieben und dir ein Lächeln auf die Lippen zaubern wollen! So wie ich!"
Lachend erhob sie die gewaltigen Klingen. Ihre schwarzen dünnen Haare waren verbranntes

Stroh, spröde und leblos. Die Spitze der Schere in ihrer rechten Hand zeigte auf sein Gesicht. Der lauernde Stachel eines angriffslustigen Insekts. „Also sag mir, Mensch. Bin ich noch immer schön?"
Gladstone sah ihr in die Augen und schluckte.
Hinter der Bosheit und dem Wunsch, Schmerz zu bereiten, vermeinte er die zarte, sensible und liebenswürdige Frau darin zu erkennen, die sie einst gewesen sein musste. Bevor sie ihre Unschuld verloren hatte. Bevor sie ein Monster wurde.
Aku.
Seine Stimme war ein perfekter Bariton, der Raum der perfekte, natürliche Verstärker seiner Worte. „Soll ich dich mit einem Sommertag vergleichen? // Er ist wie du so lieblich nicht und lind; // Nach kurzer Dauer muss sein Glanz verbleichen, // Und selbst in Maienknospen tobt der Wind."
Kuchisake Onna hielt inne und blinzelte verwirrt. Mit vorsichtigen Bewegungen kniete sich Nayuki zwischen die Frau in Rot und den jungen William Shakespeare und nahm ihren Rucksack ab.
„Oft blickt zu heiß des Himmels Auge nieder, // Oft ist verdunkelt seine goldne Bahn, // Denn alle Schönheit blüht und schwindet wieder, // Ist wechselndem Geschicke untertan."
Nayuki zitterte und mit ihr das Licht ihrer Taschenlampe. Leise öffnete sie mit verkniffenem Gesicht den Reißverschluss des Rucksacks.
„Dein ew´ger Sommer doch soll nie verrinnen, // Nie fliehn die Schönheit, die dir eigen ist, // Nie kann der Tod Macht über dich gewinnen, // Wenn du in meinem Lied ..."
Er machte eine Kunstpause.

„... unsterblich bist."
Fasziniert registrierte er, dass sie weinte. Ihre Trauer war im Kampf mit ihrer Wut, doch dann verzerrte sich ihre Visage zu einer geraden, horizontalen Linie.
Ihr Mund klaffte auf und ihr Gesicht wurde zu der geifernden Fressfront eines Raubtiers. Ein Schädel, der nur aus Zähnen zu bestehen schien.
Die riesigen Scherenblätter fuhren auseinander, schnappten direkt vor seinen Augen zu, öffneten sich erneut und näherten sich schnappend seinen Lippen.
Nayuki drehte den Rucksack um und schüttete den Inhalt auf den Boden. Das perlende Geräusch aufprallender Kugeln war zu hören. Bonbons rollten über den Boden, Unmengen davon, eingepackt in Zellophan und Aluminiumpapier.
Die Frau mit dem zerrissenen Mund blickte nach unten. Langsam beugte sie sich herab und leckte sich die Lippen. Blutiger Speichel tropfte von ihrem Kinn.
Gladstone, der völlig paralysiert zu sein schien, konnte die geifernde Gestalt nur katatonisch anstarren.
Ihr Innerstes war auf eine Weise entblößt, die weit über das Fleischliche hinausging. Die Tiefe ihrer Finsternis war unendlich.
Entfernt nahm er wahr, dass jemand seine Hand packte. Er wurde fortgezogen.
An der Kreatur vorbei.
Durch die Dunkelheit.
Auf den Ausgang zu.
Lautlos verließen sie den Raum.

Nayuki verschloss die Tür hinter ihnen.
Gladstone atmete schwer. Mit zitternden Knien ging er in die Hocke, und lehnte sich an die Wand. Ungläubig schüttelte er den Kopf und blinzelte. Dann sah er die junge Frau an, die ihm gegenübersaß.
„Und das war es, ja? Sweets! Das war alles?“
„Kuchisake Onna ist ganz verrückt nach ... wie sagt man ... Namagashi ... Naschwerk. Süßigkeiten. Sie lässt alles dafür stehen und liegen.“
Er lachte auf.
Erleichtert lehnte er sich zurück und schloss für einen Moment die Augen. Dann hob er den Kopf, blickte Nayuki an und nickte ihr leicht zu.
„Arigatō.“
Sie blinzelte.
„Gern geschehen, Sir Mortimer.“
„Wird sie mich finden? Irgendwann, irgendwo?“
„Konoyo ni wa arimasen.“
„Wie bitte?“
Mit einer gedankenlosen Geste fasste Nayuki an die Kirschblüte, um sich zu vergewissern, dass sie noch da war.
Plötzlich hielt sie inne, als ob ihr etwas eingefallen wäre, und sah Sir Mortimer mit unbewegter Miene an. Ihr Blick hatte etwas Flehendes und Sehnsüchtiges.
Ihre Augen schienen in der schwachen Flurbeleuchtung schwarz zu sein.
„Was haben Sie? Geht es Ihnen nicht gut?“
Besorgt runzelte er die Stirn und erwiderte ihren Blick. Die junge Frau atmete rasselnd ein und wieder aus.

Ein breites Grinsen erschien auf ihrem Gesicht. Ihr Flüstern erinnerte Gladstone an das helle, perlende Geräusch von Wasser in einem Springbrunnen.

„Watashi wa kireidesu ka?“

Sein ratloser Gesichtsausdruck musste Bände gesprochen haben, denn sie kicherte affektiert und beantwortete seine unausgesprochene Frage.

„Bin ich hübsch?“

Er erstarrte buchstäblich.

Mit Grauen nahm er wahr, dass sie ihre rechte Hand hob, ihre Fingernägel tief in das Fleisch ihrer linken Wange gleiten ließ und ihr Gesicht mit einem einzigen kräftigen Ruck vom Schädel riss.

Gegenübertragung

„Die Zeit verwandelt uns nicht,
sie entfaltet uns nur."
Max Frisch (1911 - 1991)

„Hier ist ein Herr Mikkael Martinsson, der Herr Engström sprechen möchte."
Die junge Frau mit den sorgfältig frisierten blonden Locken, den penibel manikürten Fingernägeln, dem modernen, androgyn geschnittenen Hosenanzug und dem aufdringlich blumigen Parfum berührte den silbernen Remote-Access-Point ihres BioCom-Implantats über ihrer rechten Schläfe. Sie blinzelte, lauschte der Antwort ihres Gesprächspartners und nickte.
„Er fragt nach dem Projekt GAIA und einer Zeitkapsel."
Ihr verkniffener Blick spiegelte eine nahezu kindlich wirkende Verwirrung wider.
„Ja, eine Zeitkapsel. Ja. Herr Martinsson. Mikkael Martinsson. Ja. Nein, er hat keinen Termin."
„Sagen Sie Herr Engströms Assistentin, dass ich von den Hekatoncheiren weiß und von der Invasion der Muttermasse."
Die junge Frau nickte, ohne den Blick von dem randlosen Bildschirm abzuwenden, der über ihrem Schreibtisch schwebte. Sie streckte Martinsson den erhobenen Zeigefinger entgegen, um ihm nonverbal zu vermitteln, dass ihre Aufmerksamkeit anderweitig gebunden war, lauschte, gab die Informationen weiter und wartete einen Moment mit nachdenklichem Blick.

Sie hielt inne, blinzelte ein paar Mal hintereinander und beendete das Gespräch durch Antippen ihrer rechten Augenbraue.
„Herr Engström empfängt Sie, Herr Martinsson. Man wird Sie zu ihm geleiten."
Noch bevor sie zu Ende gesprochen hatte, wurde Mikkael Martinsson von zwei schwarz gekleideten Hünen flankiert, die ihn auf dem Weg zum Fahrstuhl und in die 52. Etage begleiteten.
Sie gingen einen langen grünen Korridor entlang, an einem interaktiven, pseudobiologischen Serviceterminal vorbei und bis zu Lasse Engströms Büro.
Dabei gaben die stiernackigen Security-Guards nicht ein einziges Wort von sich, das man nicht mit einem Knurren hätte verwechseln können.
Einer von ihnen öffnete die blendend hell furnierte Schwingtür in der Mitte. Er wartete geduldig, bis Martinsson den Raum betreten hatte. Dann verschloss er die Tür wieder mit einer flüssigen, routinierten und eleganten Bewegung.
Der Raum war riesig und erinnerte Martinsson an eine Lagerhalle. Im Vergleich zum Rest des Gebäudes wirkte das Büro des stellvertretenden Superinstructors der ‚National Aeronautics and Space Administration' fast minimalistisch.
Das Interieur war praktisch nicht vorhanden und klar den architektonischen Dimensionen untergeordnet.
Es gab keine Sitzgelegenheiten für Gäste. Offensichtlich wurde der Raum, in welchem sich nur eine freischwebende Glasplatte, ein ergonomischer Chefsessel und ein binärer Hochsicherheits-

rollcontainer befanden, eher selten von Besuch frequentiert.
Lasse Engström saß hinter der Tischplatte. Er kritzelte etwas auf ein Blatt Papier, schlug einen Aktenordner zu, öffnete mithilfe der elektrotelepathischen Verbindung seines BioComs eine Schublade des Rollcontainers, verstaute den Aktenordner darin und verschloss sie wieder. Dann legte er einen Papierstapel zur Seite, hob den Kopf und blickte seinen unerwarteten Besucher reserviert mit hochgezogenen Augenbrauen an.
„Darf ich Ihnen etwas anbieten?"
Er machte bereits Anstalten, sein BioCom zu aktivieren und eine audiovisuelle Kommunikationsverbindung zu seiner Assistentin herzustellen, doch Martinsson winkte ab.
„Danke. Bin wunschlos glücklich."
Engström nickte, als hätte er mit dieser Antwort gerechnet. Er schaute sich auf der Tischplatte um, als suche er etwas, schnalzte mit der Zunge, nickte kurz und hob wieder den Kopf.
„Kein Freund vieler Worte, was?"
„Sagen wir einfach, die Zeit drängt, Herr Engström."
„Nun gut. Sie wissen also von den Hekatoncheiren. Darf ich Sie fragen, woher?"
„Das ist kompliziert, Herr Engström, aber dies zu erklären ist weder Zweck noch Sinn meines Besuches."
„Also schön. Verraten Sie mir doch erst einmal, was Sie damit meinten, als Sie von der ‚Invasion der Muttermasse' sprachen. Das ist ein rein hypothetischer Begriff, der nur dem engsten Kreis des

Führungsstabes der GAIA-Mission bekannt ist und sich auf ein nicht eingetretenes Ereignis einer theoretischen, alternativen Raumzeiteventualität bezieht."

„Woher ich meine Informationen habe, spielt keine Rolle. Ich brauche die Zeitkapsel, die Sie aufgrund der im Jahr 2008 gewonnenen Daten bauen konnten."

„Wozu?"

„Um eine Botschaft zu übermitteln."

„Welche Botschaft? Und an wen ist sie gerichtet?"

„An meine Vorfahren väterlicherseits und ... letztendlich ... an mich selbst. Diese Nachricht wird der Grund dafür gewesen sein, Sie aufzusuchen und um die Zeitkapsel zu bitten."

„Ich fürchte, ich ..."

„... kann Ihnen nicht folgen. Ja, das höre ich öfter, als mir lieb ist. Glauben Sie mir, ich finde es ebenfalls bisweilen etwas ... herausfordernd. Aber das gibt sich. Mit der Zeit."

„Ich habe keinen blassen Schimmer, wovon Sie da reden, Herr Martinsson."

„Och, keine Sorge. Sie werden verstehen. Früher oder später."

Er reichte dem pensionierten Astronauten, der in seiner Branche als Veteran galt, einen verschlossenen Umschlag und ein eng beschriebenes Blatt Papier.

Lasse Engström legte den Brief auf die Tischplatte und studierte die Nachricht gewissenhaft, doch sein Blick zeugte von seiner Ratlosigkeit.

60° 53′ 9″ N, 101° 53′ 40″ O. 16.02.1874. M. 71. 11,15 x 60 R.

Ungeduldig trommelte er mit den Fingern auf der Tischplatte und kaute auf seiner Oberlippe, während er sein Gegenüber mit unverhohlener Skepsis anstarrte.
„Was soll das sein?“
„Das sind Längengrade, Breitengrade, eine Zeitangabe, ein Gewehrmodell und die Kaliberangabe einer mit der Waffe kompatiblen Munition.“
Engström rieb die Handflächen aneinander und blickte sich im Raum um. Anscheinend half ihm der visuelle Input seiner Umgebung, sich kognitiv zu fokussieren.
„Herr Martinsson. Wie soll ich mich ausdrücken? Ist Ihnen klar, dass sich die Kapsel rückwärts durch die Zeit bewegt und gemäß den Anweisungen der Sondendaten erst aktiviert und ausgehändigt werden darf, wenn dies durch ein Codewort verifiziert wurde?“
„Das ist mir klar, Herr Engström. Ich weiß aber auch, dass die Übermittlung meiner Nachricht höchste Priorität haben sollte, weil sich ihre rein hypothetischen Begriffe andernfalls als höchst praktisch und real herausstellen könnten und in ihrer Konsequenz als Katalysator einer Eventualität fungiert haben werden, die Sie zufolge meiner Informationen in Ihren Statuten als ‚Taktische Präventivintervention Außerweltlicher Invasoren‘ bezeichnen.“
Engström stutzte, als hätte Martinsson ihn geohrfeigt, doch er fing sich sofort wieder. Er atmete tief durch und richtete sich auf dem Bürostuhl auf, sodass es auf Martinsson den Eindruck machte, als würde er erst ab diesem Zeitpunkt als

Gesprächspartner ernst genommen werden.
„In Ordnung, Herr Martinsson. Ich nehme an, Sie beziehen sich auf die theoretischen Grundlagen der militärischen Reaktionen auf einen feindlich gesinnten außerirdischen Erstkontakt."
„Exakt."
„Also gut", fuhr Engström mit herausfordernder Stimme fort. „Wie lautet das Codewort?"
Mikkael Martinsson blinzelte, atmete ein und blickte dem grauhaarigen Wissenschaftler fest in die Augen. Seine Antwort war knapp, sachlich und emotionslos.
„Tunguska."

Tag 4496
Camille Saint-Saëns' ‚Danse Macabre' strebt mit der Eskalation der immer schriller und aufgeregter klingenden Piccoloflöten und dem Fundament der die Grundtöne untermalenden Oboen seinem ekstatischen Höhepunkt entgegen, als GAIA mit halb zerfetztem Sonnenschild in die Umlaufbahn von Tartaros eintritt.
Der gigantische, extrasolare, terrestrische Planet, der erst Jahrzehnte später von einem niederländischen Astronomen entdeckt und nach dem griechischen Wort für ‚Unterwelt' benannt werden würde, verfügt neben der erdähnlichen Ionosphäre über eine magnetische, halbtransparente Stratosphäre aus temporären Hochfrequenzwellen, die in der multidimensionalen Komponente Ausdruck findet.
Erebos, der Ozean des Planeten, der über siebzig Prozent der Oberfläche bedeckt, verleiht dem Himmelskörper seine dunkelgrüne Färbung.

Die hellrote Landmasse, die ‚Elysium' heißen wird, ist deutlich zu erkennen, ihre Küstenränder sind scharf umrissen. Nimbostrati und Stratokumuli in unterschiedlichen Olivschattierungen beherrschen wuchernd den Himmel.
Die wellenförmigen Wolkenschichten wirken wie eine spiegelverkehrte Projektion der Wassermasse unter ihnen.
Teile der Außenhülle, des Siliziumkarbitrings und der Großteil der Nutzlast der Weltraumsonde verglühen beim Eintritt in die negativ geladene Atmosphäre und erzeugen einen gleißenden gelblich glühenden Schweif, der einen dunkelblauen Schleier hinter sich herzieht, als GAIA der Rundung der Planetenkrümmung folgt und eine Narbe aus Licht in den Himmel schneidet.
Die gewaltige Gravitation von Tartaros zieht die Sonde in Richtung Zentrum, sodass sie zu sinken beginnt und aus dem Schleier aus Rauch eine abwärts gerichtete Kurve wird.
Während der blaue Riese am Horizont untergeht und die Wolkenformationen in gleißende Farben taucht, geht der rote Zwerg auf und färbt den Himmel violett.
Fagotte, Hörner und Posaunen treten in den Vordergrund der Komposition und werden von der großen Trommel übertönt, die die Eskalation des Musikstücks einläutet, während der Lauf der Solovioline, der ursprünglich eine Gesangsmelodie war, eine Geschichte erzählt, die wortlos vom Vergehen des Lebens und dem Sein in der Nachwelt kündet.
Im Sturz versuchen die Überreste der chemischen Triebwerke der Sonde die Flugbahn zu korrigieren,

doch die leckgeschlagenen Treibstofftanks liefern keinen Antrieb mehr.
Die vielarmigen, einäugigen Hekatoncheiren, die die dominante karnivore Lebensform auf Tartaros bilden, erheben ihre Tentakel, wenden ihre in mehrere Segmente unterteilten Köpfe dem Himmel zu und blicken dem herabfallenden, flammenden Objekt nach, das durch die Atmosphäre rast und mit einem Knall die Schallmauer durchbricht.
Ohne Distickstofftetroxid und Methylhydrazin ist es GAIA unmöglich, den drohenden Absturz zu verhindern. Einem Sterbenden gleich, dessen Leben an seinem inneren Auge an ihm vorbeizieht, fassen die investigativen Instrumente der Sonde den sichtbaren Bereich von Tartaros zusammen zu spektroskopisch, teleskopisch, astrometrisch und photometrisch erhobenen telemetrischen Datenpaketen, die sie mithilfe der Hochgewinn-Phased-Array-Antenne an die Erde zu übermitteln versucht.
Unter ihr schlägt der den Planeten umfassende Ozean Wellen, als die Sonde immer tiefer sinkt, eine breite Schneise durch das dunkelgrüne Wasser zieht und mit der Kraft von 21 Megatonnen auf der Landmasse des Superkontinentes einschlägt, der die subjektive Nordseite des Exoplaneten bedeckt.
Der Totentanz kulminiert mit Pauken und Trompeten in einer infernalen Progression, deren Finale von den scheppernden Klängen eines Beckens begleitet und abrupt von der großen Trommel beendet wird.

Einen Tag, bevor Maximilien de Robespierre auf der Guillotine hingerichtet wurde und die letzten

Stunden der Herrschaft der Jakobiner eingeläutet wurden, lag Aaron Martinsson unter den Zweigen einer Fichte und beobachtete das Terrain durch sein Fernglas. Neben ihm lag in einer Senke sein Enkel Geiraldur.

Der Junge drückte den Schaft des M.71-Jagdgewehrs fest an seine linke Schulter, während seine rechte Hand den hölzernen Lauf umfasste und sein im Erdreich aufgestützter Ellenbogen die Mündung ausbalancierte.

Sein Blick erfasste kaum mehr als den Nebel, der aus dem Unterholz kroch, doch seine Sinne waren hellwach.

Er schwitzte. Die Tarnung aus Erde und Dreck, die sie sich in die Gesichter geschmiert hatten, um ihre helle Hautfarbe zu verdecken, juckte erbärmlich.

„Wie lange noch, Afi?"

Seine Stimme war kaum lauter als das Echo des Windes, der durch die Baumkronen flüsterte, doch sein Großvater konnte seine Worte in der Geräuschkulisse des Waldes und seiner Bewohner problemlos verstehen.

„Bis es Zeit ist, Junge. Und jetzt sei still. Sie können dich hören."

„Wen meinst du?"

„Alle."

Es raschelte im Unterholz. Irgendwo rief ein Käuzchen. Das kehlige Grollen eines Knurrens ertönte in der Nähe und jagte Geiraldur eine Gänsehaut über den Körper. Ein unvorsichtiges, vorlautes Jungtier bellte eine herausfordernde Antwort und verstummte.

Mit majestätischen Schritten erschien vor ihren Augen ein gewaltiger Hirsch auf der Lichtung. Ein stattlicher Zwölfender, der aufgrund seiner Größe mindestens 300 Kilogramm wiegen musste.
„Ganz ruhig", flüsterte Aaron seinem Enkel zu. „Denk an deine Atmung."
Geiraldur umfasste das Gewehr fester und blinzelte sich vor Erregung zitternd einen Schweißtropfen aus dem Auge.
Er brachte das Tier auf eine Flucht mit Korn und Kimme, atmete tief ein und drückte ab.
Der Schuss war ohrenbetäubend.
Der aufgescheuchte, unverletzte Hirsch galoppierte durch den Wald davon und war schon bald darauf nicht mehr zu sehen.
„Ich habe geatmet, Afi! Genau, wie du gesagt hast!"
Aaron lächelte, aber sein Blick war mitleidig, sein Gesichtsausdruck ernst.
„Geiraldur, du musst dich konzentrieren. Ich habe dir gesagt, du musst einatmen und schießen, während du ausatmest, sonst verlierst du deinen Fokus. Weißt du noch, wodurch?"
„Ja, Afi. Durch meinen Herzschlag."
„Richtig. Dein Puls bringt dich aus dem Takt der Jagd."
„Es tut mir leid, Afi. Ich mache es besser, das nächste Mal."
„Schon gut, mein Junge. Wir haben noch viel Zeit, um uns bereit zu machen. Und wenn wir deine Atmung im Griff haben, trainieren wir den perfekten Blattschuss."

Primärbehörde:
National Aeronautics and Space Administration

Sekundärbehörde:
European Space Agency

Reflexion / Auswertung der empfangenen Datenpakete

Moderation: Dr. Charles Xavier Manning

Techniker: Officer Philipp Henderson

Manning: Am 25. Juni 2008 erreichte die ESA um 11:13 Uhr das Datenpaket einer unbekannten Sonde.

Die Kennzeichnung und algorithmische Verschlüsselung, sowie die übermittelten Dateiformate, lassen nur den Schluss zu, dass es sich dabei um eine Weltraumsonde der NASA handelt.

Die bordeigene Atomuhr schien stehen geblieben zu sein, bei einer Anzeige vom 18. Juli 2014. Entweder ist also von einem Defekt der Bordinstrumente auszugehen, oder von der hypothetischen, aber unwahrscheinlichen Prämisse von Daten aus der Zukunft. Officer Henderson, bitte schildern Sie Ihren Eindruck der Geschehnisse von der Nacht vom 25. auf den 26. Juni.

Henderson: Zu besagter Zeit waren neben mir noch zwei Techniker im Dienst, die administrativen Tätigkeiten nachgingen. Gegen 17:05 Uhr erhielten wir dann ohne Anmeldung einige Datenpakete via Fatline. Zuerst wirkte es wie eine Auswertung von Tonaufnahmen und Bildmaterial, die von jeder ordinären Sonde hätte stammen können, aber da war etwas merkwürdig an der Sache.

Manning: Inwiefern merkwürdig? Präziser, bitte.

Henderson: Na, zum einen war da, wie Sie ja eingangs erwähnten, die Atomuhr. Den Daten zufolge war sie ja stehengeblieben, im Jahr 2014, also quasi in sechs Jahren. Aber da war noch etwas anderes. Es hatte zu tun mit dem Verschlüsselungscode der Datenpakete. Der Code wies große Ähnlichkeit mit den gängigen Programmierungssequenzen der NASA, doch er schien eine Art evolutionär weiterentwickelter Codestrang zu sein.

Manning: Aus der Zukunft also. Ist es das, was Sie damit sagen wollen? Der Code ist von der NASA, aber er wird erst noch geschrieben werden?

Henderson: Äh ... ja. So was in der Art. Aber ... da sind natürlich noch die Daten an sich. Die Bilder. Mein Gott! Die Bilder.

Manning: Sprechen Sie von den Aufnahmen des unbekannten Exoplaneten, die übermittelt wurden, zusammen mit den telemetrischen Daten und einer Sammlung klassischer Musikstücke?

Henderson: So ist es.

Manning: Was war mit den Bildern?

Henderson: Erst einmal waren die Aufnahmen verstörend fremdartig. Ein grünes Meer. Ein roter Kontinent. Am Horizont ein blauer Riese und ganz klar ein aufgehender roter Zwerg.
Der Schnappschuss eines bisher unentdeckten Doppelsternsystems. Die letzte Aufnahme zeigte allerdings mehr als das. Sie wurde nahe der Oberfläche aufgenommen.

Wenn eine Sonde also abgestürzt sein sollte, muss sie die Aufnahmen gemacht, zu einem Datenpaket komprimiert und abgesendet haben, während sie abstürzte und kurz bevor sie auf der Oberfläche aufschlug. Das hätte man mit heutiger Technik nie geschafft.

Manning: Was war auf der letzten Aufnahme zu sehen?

Henderson: Roter Sand. Dunkle grüne Wassermassen, die an die Küste anbranden. Auf dem Festland sind Gestalten zu erkennen, auf deren Stirn ein einzelnes Auge zu sehen ist, wie bei einem Zyklopen. Arme, die wie Tentakel aussehen und sich der Kamera entgegenstrecken. Fremdartige, blasse, nackte Lebewesen. Millionen von ihnen.

Manning: Aber das war nicht alles, was die Auswertung der dekomprimierten Datenpakete ergab, oder?

Henderson: Nein. Außerdem erhielten wir die Anleitungen zum Bau einer Art Konstruktion oder Maschine. Sie enthielten auch dezidierte Anweisungen, wie mit der Gerätschaft umzugehen war und wie sie aufbewahrt sollte.

Manning: Was für eine Maschine war das?

Henderson: Sie sah aus wie ein metallener Schuhkarton, der zur Aufbewahrung von Gegenständen dienen sollte. Ich denke, aufgrund ihrer Bestandteile könnte man die Maschine als einen sich temporär entgegengesetzt entwickelnden, synthetischen, pseudobiologischen Organismus bezeichnen.

Manning: Sie meinen also, so etwas wie eine Zeitmaschine?

Henderson: Nein, ich meine nicht nur so etwas, sondern genau das. Eine lebendige Maschine, die rückwärts durch die Zeit reist. Michael J. Fox wäre stolz auf uns gewesen, von Christopher Lloyd ganz zu schweigen.

Manning: Ich verstehe nicht.

Henderson: Ein Insider. Vergessen Sie's.

Manning: Und was war nun mit der Maschine?

Henderson: Na ja, wir bauten sie, sperrten sie weg und bewahrten sie auf.

Manning: Für wen bewahrten Sie sie auf?

Henderson: Ganz ehrlich? Das will ich gar nicht wissen. Ab einem gewissen Punkt habe ich einfach den Überblick verloren und mich einfach auf meinen Teil des Ganzen konzentriert, in der Hoffnung, dass sich irgendwann alles von selbst zusammenfügen und irgendwie einen Sinn ergeben würde.

Manning: Was meinen Sie damit?

Henderson: Na ja, anscheinend werden wir die Antwort einer Frage erhalten haben, die wir irgendwann einmal gestellt haben werden. Oder wir sind in der Position, auf eine Antwort zu reagieren, deren Frage wir durch unser bloßes Vorhandensein provoziert haben werden.

Wer da keinen Knoten im Hirn bekommt, gehört eingeliefert, wenn Sie mich fragen.

Manning: Was meinen Sie damit, wenn Sie sagen, dass Sie gar nicht wissen wollen, für wen Sie die Kapsel aufbewahren?

Henderson: Vielleicht darf ich es nicht wissen, sonst wüsste ich es ja, oder? Ich meine, es könnte ja mein Sohn sein oder dessen Sohn, für den diese Information bestimmt ist. Und wenn ich Kenntnis davon hätte, würde alleine dieser Umstand vielleicht dafür sorgen, dass das, was eintreten muss, niemals geschieht. Also ... ich bleibe dabei. Manche Dinge will ich gar nicht wissen.

Tag 875
Planmäßig erreicht die Sonde den Orbit des Sonne-Erde-Lagrange-Punktes und nimmt Fahrt auf, als die chemischen Triebwerke eine Kurskorrektur vornehmen und die hocheffizienten Solarpaneele aus Dreischicht-Galliumarsenid-Zellen in Optimalausrichtung zur Sonne bringen.
Mit den ausklingenden Tönen der beiden Fagotte endet das Solistenquartett ‚Recordare' und das Requiem von Wolfgang Amadeus Mozart geht über in den choralen Teil ‚Confutatis', der die Verbundenheit des Komponisten zur klassischen Kirchenmusik widerspiegelt, die in seinen letzten Lebensmonaten sein künstlerisches Schaffen prägte.
Neben den Solostimmen, die hauptsächlich für Arien eingesetzt werden und aufgrund der Haupttonart d-Moll die gewünschten Assoziationen der dunklen Romantik melancholischer Klassik vermitteln, wird die Komposition beherrscht von den beiden Bassetthörnern, die den Fagotten, Trompeten, Posaunen und Pauken gerade genug Raum geben, um ihre Stimmen einer größeren Harmonie unterzuordnen, während die Orgel deutlich die düstere Stimmung unterstreicht.
Die konvexen Sekundärspiegel der Drei-Spiegel-Korsch-Teleskope erfassen den Meteoritenschauer nur wenige Augenblicke, bevor die transneptunischen Gesteinsbrocken die Sonde treffen und den Rumpf durchschlagen. Das Sonnensegel reißt.
Trümmerfragmente der Solarpaneele, des aus zwei Laserstrahlen bestehenden Interferometers, der CCD-Detektoren und des größten Teils des Kühlradiators werden ins All geschleudert.

Die Kalibrierungsphase, während der die ekliptischen Pole vermessen werden sollten, wird jäh unterbrochen und das Programm des ‚Ecliptic Poles Scan Law'-Modus stürzt ab, bevor der Computer in den ‚Nominal Scan Law'-Modus wechseln kann.
Die kritische Phasenraumdichte wird überschritten. Die Atome der Sonde wechseln abrupt in den Bose-Einstein-Kondensat-Zustand, der die objektiven Quanteneigenschaften umkehrt.
Raumzeitverzerrungen schlagen vierdimensionale Wellen im Kosmos, die temporär in beide Richtungen fließen, sodass Vergangenheit, Gegenwart und Zukunft für einen flüchtigen Augenblick eins sind und dann auseinanderdriften wie sich einander abstoßende Magnete gegensätzlicher Polarität.
Die bordeigene hochstabile 10-MHz-Rubidium-Atomuhr bleibt stehen bei dem Versuch, sowohl vorwärts als auch rückwärts zu laufen.
Das ‚Mission Operations Center' des Europäischen Raumflugkontrollzentrums in Darmstadt versucht mithilfe des ‚Gary-Whitehead-Manövers' die Sonde wieder auf Kurs zu bringen, doch die entgegen der Ursprungsrichtung fließenden Raumzeitpartikel der Sonde reagieren chronometrisch versetzt auf die Befehle des ESTRACK-Netzwerks, sodass sich die Prinzipien von Ursache und Wirkung umkehren.
Ohne den Kurs zu korrigieren, taumelt GAIA hinaus in die unergründlichen Tiefen des Weltraums, wo sie den kosmischen Kräften und der Gravitation der darin beheimateten Welten schutzlos ausgeliefert ist, während ‚Agnus Dei' endet und übergeht in das Sopransolo des ‚Lux aeterna'.
Einer ungewissen Zukunft entgegentaumelnd,

driftet GAIA vom Kurs ab und schlittert in eine ungeplante Flugbahn einlenkend schwerelos durch das All.

Am Tag nach Johann Wolfgang von Goethes Tod streifte Geiraldur mit seinem gerade volljährig gewordenen Sohn Petter durch den Vaglaskógur. Das weitläufige Naturschutzgebiet, in dem vorwiegend Birken wuchsen und das mit seinen 300 Hektar das zweitgrößte Waldgebiet Islands war, schien in der Morgendämmerung zu atmen.
Sie liefen schweigend nebeneinander her. Der ernste Blick seines Vaters, der von seiner Konzentration und Enttäuschung zeugte, erlaubte dem Jungen nicht, ihn anzusprechen, ohne zuvor angesprochen worden zu sein.
„Das war ein guter Schuss", sagte Geiraldur mit versteinerter Miene zu seinem Sohn.
„Ich habe nicht getroffen, Faðir."
„Das macht nichts, du wirst bereit sein, wenn du es musst. Daran habe ich keinen Zweifel. Weißt du, was dein Fehler war, Junge?"
„Die Atmung?"
„Richtig. Du musst erst einatmen und während des Ausatmens schießen, damit deine Hand ruhig bleibt und nicht durch den Rhythmus deines Herzschlags gestört wird."
„Ja, Faðir."
„Weißt du, warum das so ist?"
„Nein, Faðir."
„Weil du im Takt deines Herzens atmest, wenn du nicht darüber nachdenkst. Wenn dein Körper rein instinktiv handelt, ist das ganze System mit sich

im Einklang. Und nichts und niemand kann dich dann davon abhalten, zu tun, was getan werden muss."

Petter stieg mit vorsichtigen Schritten über ein Stück Totholz, das auf dem Pfad lag. Dabei verlagerte der Junge das Gewicht des Gewehrs in seinen Armen.

Die Sonne versank mit einem glühenden Leuchten am Horizont. Wispernd regten sich die nachtaktiven Tiere des Waldes in ihren Höhlen und Nestern, als spürten sie die herannahende Finsternis.

„Und weißt du, wie man seine Beute mit einem einzigen Schuss erlegt?"

Petter dachte nach, bevor er antwortete, obwohl er die Antwort wusste.

„Mit einem Blattschuss, Faðir."

„Richtig. Was unterscheidet einen Blattschuss von einem gewöhnlichen Schuss? Und warum ist er bei der Erlegung der Beute jedem anderen vorzuziehen?"

„Ein Blattschuss", wiederholte Petter die Worte seines Vaters, die sich in sein Gedächtnis gebrannt hatten, „ist ein finaler Schuss. Bei einem indirekten Treffer in die Extremitäten kann sich das Beutetier möglicherweise noch wegschleppen und muss unnötig leiden. Ein Blattschuss dagegen wird direkt zwischen die Augen platziert, um das Tier sofort zu töten, was nicht nur effektiv ist, sondern ... sondern ... ich habe das Wort vergessen, Faðir."

„Human, mein Junge. Es ist human. Man lässt seine Beute nicht leiden, das tun nur Monster. Hast du das verstanden, Junge?"

„Ja, Faðir."
„Also, was ist dein Ziel, wenn du auf die Jagd gehst?"
„Ein Blattschuss, Faðir."
„Warum?"
„Weil es human ist."
„Warum noch?"
„Es ist effektiv."
„Warum?"
„Weil ein effektiver Blattschuss eine Schlacht beenden kann, bevor sie beginnt."
„Und warum ist das erstrebenswert, Junge?"
„Weil eine Schlacht, die nicht stattfindet, besser ist als ein Krieg, den man erst noch gewinnen muss."

Tag 0
Exakt um 09:12 Uhr zünden die Triebwerke der vierstufigen Sojus-ST-Rakete vom ‚Centre Spatial Guyanais' in Französisch-Guyana und bringen die 2035 Kilogramm schwere Sonde in eine orbitale Umlaufbahn in einer Höhe von 175 Kilometern.
GAIA wird erfolgreich auf eine Transferbahn gebracht, bevor die reibungslose Abtrennung der Fregat-Stufe erfolgt und genau 34 Minuten später das Sonnenschild ausgefahren wird.
Inmitten des Lärms der Zündraketen geht das ‚Prélude' der ‚Suite bergamasque' von Claude Debussy unter und auch der als ‚Menuet' betitelte zweite Satz verhallt ungehört, doch ‚Clair de Lune', der dritte Satz des Musikstückes, der passenderweise den Glanz des Mondscheins vertont, ist glasklar zu hören.
Die Fernsehstationen, die exklusiv dem Start der

Sonde beiwohnen, die seit Jahren das priorisierte Projekt der ESA ist, übertragen die beinahe verstörend schöne, hypnotische und ästhetisch fremdartig wirkende Kombination der Ton- und Bildaufnahmen der die Erdatmosphäre verlassenden Weltraumsonde. Ihr Aufbruch wird von der berühmten in Des-Dur gehaltenen Komposition begleitet, die Debussy ursprünglich ‚Promenade sentimentale' genannt hat. Das ‚Globale Astrometrische Interferometer für die Astrophysik', dessen offizielle im Vorfeld formulierte Missionsziele unter anderem beinhalten mehr als eine Milliarde Objekte zu vermessen, deren Magnitude und Farbe zu ermitteln und die Temperatur chemische Zusammensetzung, Radialgeschwindigkeit und Oberflächengravitation von bis zu zweihundert Millionen Sternen zu bestimmen, rast mit einer Durchschnittsgeschwindigkeit von 82.500 Metern in der Sekunde durch das All. Zu den weiteren Missionszielen der Sonde gehört die Erfassung und Sammlung umfassender Daten über Asteroiden, Kometen, Exoplaneten, braunen und weißen Zwergen, Supernovae, aktiver Galaxien und Quasaren innerhalb und außerhalb des irdischen Sonnensystems. Darüber hinaus hat GAIA jedoch noch einen anderen Daseinszweck, der dem simplen Wunsch nach Verständigung entspringt: Die Sonde sendet eine Botschaft. Eine wortlose Frage wird mittels der universellen Sprache der Mathematik gestellt, die durch eigens für die Mission zusammengestellte, klassische Musikstücke in sämtlichen Wellenlängen und Funkebenen übertragen wird und an alle gerichtet ist, die dazu fähig sind, zuzuhören.

Wahrnehmungsbericht - 11.07.1908

Ausführender: Major Andrey Petrov
Auskunftgebender: Kursant Jurij Tabakov

Major Petrov: Ziel dieser Anhörung ist es, die Ereignisse vom 30. 06. 1908 auszuwerten, welche sich in der russischen Taiga zugetragen haben. Die Tunguska-Region wurde nahezu vollständig zerstört. Ursache der Katastrophe war ein extraterrestrischer Himmelskörper, welcher gegen 07:19 Uhr in die Erdatmosphäre eindrang und in einer Höhe von geschätzt 42 Kilometern implodierte.
Es wurde berichtet, dass das Phänomen eine Zeit lang andauerte, obwohl andere Quelle davon sprachen, dass es so schnell vorüber war, dass man mit Ausnahme der entstandenen Schäden nicht mit Sicherheit hätte sagen können, dass es überhaupt stattgefunden hatte.

Bis in eine ungefähre Entfernung von 35 Kilometern, ausgehend vom Epizentrum, wurden sämtliche Bäume entwurzelt. Experten schätzen, dass auf einem Gebiet von über 2000 Quadratkilometern ungefähr sechzig Millionen Bäume umgeknickt wurden. Noch in über 500 Kilometern Entfernung berichteten Passagiere der transsibirischen Eisenbahn von einem hellen Feuerschein und der Druckwelle der Detonation.

In allen meteorologischen Stationen Europas und Nordamerikas wurde die Erschütterung der Erdrinde registriert, jedoch konnte kein Krater als definitiver Einschlagspunkt eines kosmischen Fremdkörpers identifiziert werden.

Der Befragte, Kursant Jurij Tabakov, war diensthabender Wachmann in Außenposten 42, der an die Tunguska-Region angrenzt.

Kursant Tabakov, Ihre Aussage erfolgt unter Eid und bei nachgewiesenem Meineid droht Ihnen eine mehrjährige Haftstrafe. Haben Sie das verstanden?

Kursant Tabakov: Jawohl, Herr Major.

Major Petrov: Schildern Sie Ihre Beobachtungen der Ereignisse.

Kursant Tabakov: Es war Tag, wie jeder andere. Am Morgen hielten wir Ausschau nach möglichen Feindbewegungen oder Grenzüberschreitungen. Wilderer schossen paar Bären. Ein Wolfsrudel durchquerte die Taiga. Regenschauer zog über das Land. Nichts Ungewöhnliches. Doch dann erschienen diese Lichter am Himmel.

Major Petrov: Welche Lichter?

Kursant Tabakov: Das ist schwer zu sagen, Herr Major. Sie waren riesig und irgendwie violett, aber auch orange und rot und blau. Sie waren über den Wolken und wurden heller und begannen zu flackern, wie Stroboskop. Sehr hell und groß.

Major Petrov: Die Aufnahmen der Kameras waren nicht zu verwerten?

Kursant Tabakov: Leider nicht, Herr Major. Sie wurden anscheinend gelöscht, als das Objekt in die Luft ... als es explodierte. Elektromagnetischer Puls, möglicherweise.

Major Petrov: Was ist dann geschehen?

Kursant Tabakov: Dann ging eigentlich alles ganz schnell. Es brannte überall, schon bevor der Flammenregen auf Taiga hernieder ging. Es war irgendwie so, als ob man sich Film rückwärts anschaut. Ich meine, Feuer war schon da, bevor Flammen die Erde berührten. Könnte an Hitze gelegen haben, aber ich hatte Gefühl, etwas an den zeitlichen Abläufen war irgendwie ... falsch. Verdreht. Und dann, kurz bevor Meteor hochging und diese ... komischen Viecher aus den Trümmern stiegen und ...

Major Petrov: Welche Viecher?

Kursant Tabakov: Schwer zu sagen, Herr Major. Sie waren grob geschätzt sieben Meter groß und hatten Arme, die aussahen wie von Oktopus. Es waren unendlich viele. Sie gruben sich in Erde wie Maden oder Würmer es tun. Mit flatternden Bewegungen. Fremdartig, in jeder Hinsicht. Ungeheuer.

Major Petrov: Wie viel Zeit verging ungefähr, bis

das Militär eintraf?
Kursant Tabakov: Das ist ebenfalls schwer zu sagen, Herr Major.

Mein Zeitgefühl sagt mir, dass es nur wenige Minuten gewesen waren, aber später erfuhr ich, dass das vierte Bataillon erst zwei Stunden nach Einschlag von Meteor an Ort und Stelle war.

Major Petrov: Haben Sie dafür eine Erklärung?

Kursant Tabakov: Nein, Herr Major, habe ich nicht. Aber der Zeitcode der Aufnahmen von Hochfrequenzmikrofon, die erhalten sind, bestätigten die offizielle Version. Um 13:17 Uhr erreichten die Truppen havariertes Waldgebiet und die Situation konnte unter Kontrolle gebracht werden.

Das heißt, es gab nichts mehr, das man unter Kontrolle hätte bringen müssen, denn es gab keine klassische Feindberührung. Was auch immer für Kreaturen das waren, die da vom Himmel gefallen sind, sie haben sich in Luft aufgelöst, als hätte Erdboden sie verschluckt.

Interessant waren allerdings die Tonaufnahmen, die übermittelt wurden, als Meteor sich noch befand in Stratosphäre der Erde.

Es handelte sich um Lieblingslied meiner Frau, deshalb habe ich es sofort erkannt. Es war ‚Nocturne Opus 9 Nummer 2‘ von Frederic Chopin.

Als die HMS Challenger als erstes Dampfschiff der Welt den südlichen Polarkreis überquerte, lag Petter Martinsson in der schlammigen Erde der russischen Taiga und beobachtete die Umgebung.
Es war bitterkalt. Der Frost der vergangenen Nacht bedeckte den Waldboden und hatte die spärlichen Sträucher mit Raureif überzogen, doch der junge Mann spürte die Kälte nicht.
In ihm loderte das Feuer des Eifers, angefacht von den Geschichten seines Großvaters und genährt durch die Ausbildung, die sein Vater ihm hatte angedeihen lassen.
Der Brief mit den Koordinaten und Zeitangaben, der ihn hierhergeführt hatte, in die Region Krasnojarsk, die ‚Steinige Tunguska', wie die Bauern sie nannten, war mittlerweile abgegriffen und fast unleserlich, doch er konnte den Wortlaut mühelos aus dem Gedächtnis rezitieren.
Das Beaumont-Gewehr M. 71, das sich seit Generationen im Besitz seiner Familie befand und stets an den ältesten Sohn weitergegeben wurde, fühlte sich nach den unzähligen Stunden, in denen er gelernt hatte, zu schießen, die Waffe zu zerlegen, zu reinigen und wieder zusammenzusetzen, mittlerweile für ihn an wie die Verlängerung seines Körpers.
Sie setzte um, was er sah, hörte und empfand, als ob zwischen dem, was er dachte und dem, was seine Hände taten, kein Unterschied bestünde. Jeder Punkt in seinem Sichtfeld war ein potentielles Ziel.
Nichts und niemand war vor ihm sicher.

Die finstere, dicht bewaldete Ebene lag im Schatten. Er konnte sie ohne Anstrengung von dem Felsvorsprung aus überblicken, auf dem er Stellung bezogen hatte.
Nebel kam auf und waberte durch das Unterholz.
Es hatte aufgehört zu regnen. Die plötzlich eintretende Stille hatte etwas Atemloses an sich.
Ein tiefes Raunen ging durch die Wälder. Vögel flogen aufgeschreckt in Scharen davon und verdunkelten den Himmel.
Die Erde bebte.
Die Baumkronen erzitterten, als sich etwas unter ihnen zu regen begann.
Der Waldboden brach auf.
Die fleischigen, fremdartigen Körper der Hekatoncheiren aus Homers Sagen, deren leichenblasse, nackte Erscheinung Petter vage an aufrecht gehende Tintenfische erinnerte, wühlten sich mit flatternden Bewegungen aus dem Erdreich.
Eilig strebten sie einem Zentrum entgegen.
Sie flossen ineinander, schienen eins zu werden und verschmolzen zu einem gigantischen Lebewesen.
Auf der gewaltigen Stirn der aus vielen Leibern bestehenden Muttermasse erschien ein Facettenauge, das aus unzähligen Pupillen bestand.
Das enorme, geradezu obszön überproportioniert große Sehorgan, das den Großteil des Schädels des riesigen Ungeheuers einnahm, gaffte suchend umher.
Mit einem lauten Stöhnen setzte sich das Monstrum mit den gemächlichen, schleppenden Bewegungen eines Titanen in Bewegung.

Sein Körper pulsierte, während es sich mit stetig wachsenden und sich unablässig vervielfältigenden Gliedmaßen immer weiter über das Waldgebiet erhob und seinen Blick gen Westen richtete, Krasnojarsk entgegen.
Begierig schnaubte es auf, als würde es die Beute wittern, die es dort schlagen konnte.
Seine Schritte ließen die Erde erbeben. Panisch flohen die Tiere des Waldes durch das Unterholz.
Petter wartete geduldig, bis das gigantische Ungetüm an seinem Felsvorsprung vorbeistapfte.
Wie in Zeitlupe öffnete sich das dreilappige Lid der Bestie und die enorme Kugel des Augapfels drehte sich in Petters Richtung.
Das Monster blickte ihn an. Aushärtende Schuppen einer den Koloss umhüllenden Panzerung wuchsen an seinem Körper empor, wurden starr und undurchdringlich, und Petter begriff intuitiv, dass er sich in einem Zeitfenster befand, das sich unaufhaltsam und mit zunehmendem Tempo schloss. Mit ruhiger Hand legte er das Gewehr an.
Er vertraute seinen Instinkten, nahm sein Ziel ins Visier, atmete ein und drückte exakt in dem Augenblick ab, in dem er ausatmete.

Blutacker

„Es ist in der Tat eine Tragödie. Fürwahr. Dieser ... dieser arme Mann."
Die Priorin schluchzte, schüttelte langsam und bedächtig den Kopf und blickte traurig aus dem Fenster. Hauptkommissar Jaschke, der ihr gegenübersaß, räusperte sich pietätvoll und warf einen raschen Blick auf seinen Notizblock, um seiner Gesprächspartnerin einen Moment Zeit zu geben, bevor er mit seiner Befragung fortfuhr.
Sie hatten den Leichnam des Pförtners bereits vom Strick befreit, seine sterblichen Überreste eingepackt und abtransportiert.
Vor wenigen Stunden hatte Otto Klausner noch geatmet. Er war am Leben gewesen und hatte existiert. Es hatte ihn gegeben. Nun war er nicht mehr als ein Stück Fleisch, das seiner Weiterverarbeitung harrte.
„Haben Sie den Verstorbenen gut gekannt, Mutter Oberin?"
Die Priorin blickte Hauptkommissar Jaschke mit eisigen Augen an und zuckte mit den Schultern.
„Nun ja, er war angestellt als Pförtner und Nachtportier. Ich habe ihn also kennengelernt, aber kennen ... wäre zu viel gesagt."
Die alte Priorin hielt inne und blinzelte. Dabei machte sie einen sowohl verwunderten als auch reservierten Eindruck auf den Hauptkommissar. Neben der grauhaarigen Priorin stand eine junge Frau in weißem Habit und den für die Ordensgemeinschaft typischen in dunkelgrauen Tönen gehaltenen Kleidungsstücken, die ihren Kopf, Torso

und Unterleib bedeckten. Ihre Haare waren unter einem schneeweißen Schleier verborgen. Augenscheinlich war sie nur der Form wegen anwesend und beteiligte sich nicht aktiv an der Befragung.
„Ich will Ihnen nicht zu nahetreten, aber darf ich fragen, warum Sie in diesem Fall ermitteln? Gibt es denn irgendwelche ... Anhaltspunkte, die vermuten lassen, dass es sich um etwas anderes handelt als einen ... gewöhnlichen Suizid?“
„Keine Anhaltspunkte“, winkte Hauptkommissar Jaschke ab. Der Kugelschreiber in seiner rechten Hand beschrieb einen Halbkreis auf Augenhöhe. „Reine Routine, Mutter Oberin. Es muss nur ausgeschlossen werden, dass Fremdeinwirkung im Spiel war.“
„Fremdeinwirkung?“
Die Priorin wirkte aufrichtig schockiert von der ungeheuren Andeutung, als käme dies einem versteckten Vorwurf gleich, wonach sich in ihrer Verantwortlichkeit ein Verbrechen ereignet habe, das ihrer Aufmerksamkeit entgangen war.
Hauptkommissar Jaschke blätterte mit hochgezogenen Brauen in seinen Notizen und schien nach einem bestimmten Schlagwort zu suchen. Eilig kritzelte er etwas mit hochkonzentriertem Gesichtsausdruck in seinen Block, um den Anschein zu erwecken, es handele sich um wichtige Informationen. Er hoffte, der Priorin fiel nicht auf, dass er auf der freien Seite neben den Eckdaten seiner Ermittlungsnotizen lediglich die ersten Striche eines Galgenmännchens auf das Papier malte.
Die Tatsache, dass er über ein fotografisches Gedächtnis verfügte, behielt er gerne für sich. Bei

Befragungen erweckte er stattdessen lieber den Anschein, alle relevanten Informationen oder Eckdaten seinen Notizen zu entnehmen.

„Natürlich abgesehen von ..."

„Abgesehen wovon?"

Die Frage der Priorin hatte einen schnippischen Tonfall, doch das ängstliche Timbre war unverkennbar. Es entlockte sogar der jungen Novizin einen erstaunten Blick.

„Naja", druckste er umständlich herum, „ich meine abgesehen davon, dass dies nicht der erste Selbstmord in diesem Kloster ist, wenn ich recht informiert bin."

„Das ist nicht unbedingt ungewöhnlich, Herr Kommissar."

„Hauptkommissar, wenn Sie erlauben."

„Wie bitte?"

„Es heißt Hauptkommissar. So viel Zeit muss sein."

Schnaufend atmete sie aus und blickte den Polizisten mit strenger Miene an. „Wie auch immer."

„Wie meinen Sie das, wenn Sie sagen, dass es nicht ungewöhnlich ist, wenn sich jemand in diesem Kloster das Leben nimmt?"

Die Priorin richtete sich ein wenig auf, leckte sich über die Lippen und blinzelte auf eine Weise, die etwas unbestreitbar Arrogantes an sich hatte.

Gedankenverloren trommelte sie mit den Fingern auf der Tischplatte, was auf Nervosität, Ungeduld oder einer Kombination aus beidem schließen ließ.

„Ich meine nicht speziell dieses Kloster, Herr ... Hauptkommissar. Ich meine eher die Lebenssituation innerhalb klösterlicher Mauern generell."

„Aha. Und warum steht das Leben hinter klösterlichen Mauern Ihrer Meinung nach mit der Neigung suizidaler Verhaltensweisen in Zusammenhang?"
„Ich würde nicht von einem Zusammenhang sprechen, sondern eher von einer ... Wechselwirkung."
„Auch gut. Also, warum ist das Ihrer Meinung nach so? Wie kommt das?"
„Nun ja, da ist zum einen die soziale Isolation. Die Separation von der übrigen Gesellschaft, die ein erdrückendes Gefühl der Vereinsamung begünstigen kann. Ein Umstand, der selbstverständlich primär auf die Novizinnen zutrifft, als auf die einfachen Angestellten."
„Und zum anderen?"
Hauptkommissar Jaschke hatte seinen Kugelschreiber schon im Anschlag und war bereit, das Galgengerüst zu vollenden. Dabei wirkte er trotz seiner grauen Schläfen auf eine eigentümliche Weise verjüngt, sodass er beinahe aussah wie ein Schuljunge.
„Zum anderen ist da natürlich die Tatsache", fuhr sie fort, „dass extrovertierte Menschen, die sozial gut vernetzt und einem großen Freundeskreis angeschlossen sind, sich eher selten um eine Aufnahme in einem Kloster bemühen."
„Aha. Macht Sinn."
Er befeuchtete die Fingerspitze seines rechten Zeigefingers mit der Spitze seiner Zunge und blätterte durch die Seiten, wobei er bewusst den Eindruck zu erwecken versuchte, nach einem wichtigen Schlagwort Ausschau zu halten.
„Das mag alles sein oder auch nicht, verehrte Mutter Oberin. Meinen Aufzeichnungen zufolge gibt es

da allerdings eine besorgniserregende Tendenz bezüglich der Aufnahme ins Postulat und überregional registrierter Suizidalität, die sich ausschließlich auf dieses Kloster bezieht, wenn ich richtig informiert bin."

Die junge Frau und die Priorin wechselten vielsagende Blicke.

„Was für eine Tendenz?"

Die Frage der alten Frau klang in Hauptkommissar Jaschkes Ohren wie ein Vorwurf.

„Keine gute, das ist mal sicher."

„Wie ist das denn nun wieder zu verstehen?"

„Nun ja", raunte er mit hochgezogenen Brauen und kniff die Augen zu Schlitzen zusammen.

„Ich denke, dass die Geschichte des Klosters etwas damit zu tun hat. Mir ist durchaus bekannt, dass die ursprünglichen Grundmauern, der sogenannte ‚Bursenbau', etwa auf das Jahr 1205 datiert wird. Das Kloster selbst hatte seither eine ... nun sagen wir ... abwechslungsreiche Historie."

Die Priorin ließ die Anspielung des Hauptkommissars unkommentiert, womit er allerdings gerechnet hatte.

„Das 1510 erbaute Brauhaus und die 1675 eingeweihte Mühle, die der Gemeinschaft weitestgehend Unabhängigkeit in Versorgungsfragen verleihen sollten, waren wichtige Errungenschaften für den Orden. Sie führten jedoch ungewollt zu einer wirtschaftlichen und sozialen Isolation, sodass in den angrenzenden Ortschaften Gerüchte in Umlauf kamen. So war es beispielsweise bereits Anfang des neunzehnten Jahrhunderts allgemein üblich, das Leben hinter den Mauern des Klosters

als ‚Gefangenschaft' zu bezeichnen."
„Ach", bemerkte sie trocken. „Ist dem so?"
„Oh ja. Außerdem gab es wohl Geschichten über Liebschaften oder Affären zwischen den Nonnen und jungen Männern aus dem gemeinen Volk, wobei auch hier auffällig ist, dass keine Namen überliefert sind. Weder von den beteiligten Personen, noch von den betroffenen Ortschaften."
Die Priorin seufzte.
„Dann weiß ich beim besten Willen nicht, was es noch zu besprechen gibt, wegen dieser ... Geschichten."
„Och, einiges, denke ich", sagte Hauptkommissar Jaschke. „Da wäre zum Beispiel der Umstand, dass sich in etwa zur selben Zeit, als die Gerüchte über die verbotenen Liebschaften aufkamen, ein Trend zu etablieren schien. Und wenn ich sage ‚Trend', dann spreche ich von Freitoden, die sich in beunruhigend regelmäßig auftretenden Intervallen zu wiederholen scheinen. Die Lücken innerhalb des sich aus diesen Intervallen ergebenden Musters legen den Verdacht nahe, dass es da eine gewisse ... Dunkelziffer gibt, die unter den Teppich ..."
„Was wollen Sie da andeuten? Glauben Sie etwa, dass sich in meiner Amtszeit ..."
„Ich will gar nichts andeuten, Mutter Oberin. Und wie Sie bereits sagten, ist die ganze Sache eine Tragödie und für alle Beteiligten eine traurige Angelegenheit. Da ist jemand aus dem Leben geschieden und wurde seiner eigenen und jeder gemeinsamen Zukunft beraubt. Irreversibel. Unumkehrbar."
Die Priorin sagte nichts, sondern blickte scheinbar

lethargisch aus dem Fenster.
Der Wind wurde stärker, heulte um das Gebäude und ließ die Fenster erzittern. Ein leichter Nieselregen hatte eingesetzt. Er verlieh dem Kopfsteinpflaster im Hof einen schimmernden Glanz und benetzte die in Blei eingefassten Rauten der Glasscheiben.
„Es sei denn natürlich, jemand hat ... nachgeholfen."
Die junge Frau zuckte erschrocken zusammen, doch der eiserne Blick der Priorin veränderte sich nicht.
„Gibt es denn dafür irgendwelche Anzeichen, Herr Hauptkommissar? Spuren? Indizien? Zeugenaussagen? Irgendetwas Handfestes?"
Hauptkommissar Jaschke atmete tief ein und ließ die Luft schnaufend wieder entweichen.
„Nein, Mutter Oberin. Nichts dergleichen. Außer vielleicht die simple Tatsache, dass Herr Klausner sich nicht einfach an der Judaseiche in der Nähe des Westportals erhängt hat. Seine Eingeweide lagen unter ihm, als hätte man ihm den Bauch aufgeschlitzt, bevor man ihn aufgeknüpft hat. Das ist schon etwas ... wie soll ich es ausdrücken? Ungewöhnlich? Befremdlich? Kurios? Ach ... es ist irgendwie keines davon, aber auch alles auf einmal."
Die junge Novizin, die als Anstandsdame des Protokolls wegen im Raum war, riss schockiert die Augen auf, aber die Priorin zuckte nicht einmal mit der Wimper. Die blutigen Details schienen nicht neu für sie zu sein.
„Aber ..."
„Natürlich ist es möglich, sich so etwas selbst an-

zutun. Und das Messer zu seinen Füßen kann er nach der Tat verloren haben. Aber ich werde das Gefühl nicht los, dass ..."

„... was?"

„Ich weiß nicht. Irgendwas passt da nicht zusammen. Oder vielleicht sollte ich besser sagen, es passt viel zu gut."

„Ich kann Ihnen nicht folgen."

„Nun ja, es ist alles ein wenig ... ungewöhnlich."

„Abgesehen davon, Herr ... Hauptkommissar. Gibt es noch andere ... ich will sagen ... Verdachtsmomente ... nennt man das so bei Ihnen?"

„So und nicht anders."

„Wie bitte?"

„Ach nichts. Passt schon."

„Ich verstehe nicht ..."

„Sie wollten etwas fragen, Mutter Oberin. Etwas über Verdachtsmomente."

„Äh ... ja. In der Tat. Also ... gab es neben den Einzelheiten von Herrn Klausners Dahinscheiden noch andere Anhaltspunkte, die Sie zu der Annahme verleiten, es könnte sich um etwas anderes als einen ordinären Selbstmord handeln?"

„Nun, Sie waren ja so freundlich, mir das Übergabebuch, das Herr Klausner führte, zur Verfügung zu stellen. Dabei ist mir nicht entgangen, dass es gewisse ... Unregelmäßigkeiten gibt."

„Herr Hauptkommissar Jaschke. Ich möchte Sie doch bitten, sich konkreter auszudrücken und auf derartige kryptische Anmerkungen, die durch Fehlinterpretationen falsch gedeutet werden können, zu verzichten. Von welcher Art von Unregelmäßigkeiten sprechen Sie genau?"

„Nun, zum einen scheint der Eintrag der Nacht vom 16. auf den 17. Januar entfernt und nachträglich in abgeänderter Form wieder eingetragen worden zu sein."
„Sie sprechen von dem Dienst in der Nacht, bevor Herr Klausner sich das Leben nahm, oder?"
„Korrekt. Also ... bevor er verstarb", berichtigte Hauptkommissar Jaschke. „Aber, ja. Die Nacht, bevor er zu Tode kam. Um diese Nacht geht es."
„Wie kommen Sie darauf, dass es Unregelmäßigkeiten gibt, wenn ich fragen darf?"
„Die Spurensicherung ist sich sicher, dass Seiten des Übergabebuches entfernt wurden. Dies wurde durch verschiedene Messungen bestätigt, die einen sogenannten verlorenen Text als Abdruck auf den Seiten darunter deutlich machen konnte, allerdings nicht in einer Qualität, die es erlauben würde, den Originaltext lesen zu können. Außerdem handelt es sich klar um eine andere Handschrift, als bei den Berichten, die Herr Klausner zuvor dokumentiert hat. Unter uns gesagt hatte er eine Sauklaue vor dem Herrn. Verzeihen Sie mir den Ausdruck."
„Und Ihre Techniker sind sich da absolut sicher?", wischte die Priorin seine Entschuldigung mit einem Augenaufschlag weg.
„Aber so was von."
„Wie bitte?"
„Kein Zweifel. Die Berichte wurden manipuliert."
„Aha. Und was genau soll das heißen?"
„Nun ja, das soll heißen, dass etwas an der Sache zumindest ... wie soll ich sagen ... merkwürdig ist."
Die Priorin nickte selbstgefällig.

„Nun, dann halten Sie mich doch bitte über die weiteren Erkenntnisse Ihrer Ermittlungen auf dem Laufenden, wenn es Ihnen keine ... Umstände macht."
Sie faltete die Hände auf dem Tisch zu einer Pose des Betens, blinzelte ein paar Mal und blickte zur Tür.
„Und nun muss ich Sie nun darum ersuchen, mich nicht länger von meinen Angelegenheiten abzuhalten. Ich habe nicht nur die Bestattung für den unglücklichen Pförtner zu organisieren, sondern darüber hinaus auch ein Kloster zu leiten. Sie können sich sicher denken, dass wir alle aufgewühlt sind ob des Todesfalles, den unsere Gemeinschaft zu beklagen hat. Schwester Marianne wird Sie zur Pforte geleiten."
Die junge Frau neben der Priorin vollzog eine Geste, die wie ein mittelalterlicher Hofknicks anmutete, wobei sie ihr weißes Habit wenige Zentimeter anhob, während sie sich vor der Äbtissin verneigte. Forschen Schrittes ging sie zur Tür. Sie öffnete sie und bat Hauptkommissar Jaschke mit einer leichten Handbewegung vorauszugehen.
Der Polizist grunzte missmutig, steckte sein Notizbuch in die Innentasche seines Jacketts und erhob sich.
„Vielen Dank für Ihre Hilfe, Mutter Oberin. Ich denke, ich finde alleine hinaus."
Die alte Priorin blickte ihn mit durchdringendem Blick an und neigte den Kopf.
„Ich möchte, dass Sie eine Sache verstehen, Herr Hauptkommissar Jaschke. Meine Aufgabe ist in erster Linie, die Integrität und Unversehrtheit

dieses Hauses zu bewahren. Meiner Gemeinschaft. Ich habe getan und gesagt, was ich befugt und willens bin zu tun und zu sagen. Alles, was darüber hinaus gehen würde, wäre zu viel des Guten. Ich denke daher, Sie sollten in Anspruch nehmen, was Ihnen ... angeboten wird."

Mit diesen Worten wandte sich die Priorin ab und blickte wieder aus dem Fenster, als würden sich im Vorhof Dinge abspielen, die ihre ungeteilte Aufmerksamkeit verlangten.

Hauptkommissar Jaschke und Schwester Marianne verließen das Büro der Priorin und betraten den Flur. Eine Weile gingen sie schweigend nebeneinander her, wobei die junge Novizin einen augenscheinlich nervösen Eindruck machte und es auf fast schon auffällige Weise vermied, ihn anzusehen.

Unvermittelt blieb sie stehen. Sie schien mit sich zu ringen, wandte sich ihm zu und sah ihn schüchtern an.

„Herr Hauptkommissar Jaschke? Darf ich Ihnen eine Frage stellen?"

Ihre Hände waren in den weiten Ärmeln ihres Habits verborgen. Hauptkommissar Jaschke war erstaunt über ihre Worte. Er war es gewohnt, derjenige zu sein, der die Fragen stellte, doch er schmunzelte.

„Nur zu. Was wollen Sie wissen?"

„Sie sprachen von nahezu regelmäßigen Intervallen in Bezug auf die Suizidrate innerhalb der Klostermauern."

„Das ist korrekt."

„Von welchen Intervallen sprechen Sie?"

„So wie es aussieht, wird etwa alle sieben Jahre ein Freitod in diesem Kloster verübt. Und dieses Muster scheint sich, von wenigen Unterbrechungen abgesehen, die auf irrtümlich als natürliche Tode interpretierte Fälle zurückzuführen sein können, in beunruhigend exakten Abständen zu wiederholen. Und das schon seit mehreren Jahrhunderten, Schwester. Es ist, als ob sich hinter den vermeintlich nicht miteinander in Verbindung stehenden Tragödien ein Muster verbirgt, das ...“
Eine Gruppe Novizinnen kam an ihnen vorbei und Schwester Marianne senkte schamhaft den Kopf. Hauptkommissar Jaschke meinte sogar zu bemerken, dass die junge Frau leicht errötete.
Die Gruppe ging weiter. Schwester Mariannes Lippen bebten, als sie ihn anblickte.
„Was für ein Muster?“
„Eine Art Schema, das sich zeitlich so weit zurückverfolgen lässt, dass sich seine Spur verliert und es nahezu unmöglich ist, nachzuvollziehen, wann genau es seinen Anfang nahm.“
„Und Sie glauben, dass Otto deshalb ... starb?“
„Sie haben ihn gut gekannt, habe ich recht?“
Die junge Novizin sah ihn erschrocken an. Ihr Blick hatte beinahe etwas Panisches, das unter anderen Umständen komisch gewirkt hätte.
„Woher ...“
Hauptkommissar Jaschke lächelte verschmitzt und schüttelte den Kopf. Eine Geste, die auf wohlwollende Weise entschuldigend wirkte.
„Sie sind keine gute Lügnerin, Schwester. Selbst wenn Sie schweigen, sind Sie ein offenes Buch für jeden, dessen Handwerk es ist, zwischen den

Zeilen zu lesen."
Verstohlen blickte sie sich um und blinzelte.
„Es ist wahr, ich kannte Otto. Er war nett, versuchte zu flirten, war galant, jedoch nie aufdringlich, eher humorvoll. Ein Freund, nicht mehr."
„Und Sie wollten ihn schützen, ist es nicht so?"
Wieder schien das Schweigen der jungen Frau Bände zu sprechen.
„Haben Sie eine Ahnung, was aus dem fehlenden Eintrag des Übergabebuches geworden ist, Schwester Marianne?"
„Ich habe ihn ... vernichtet."
„Sie haben Beweismaterial manipuliert, ist Ihnen das klar?"
„Ich hatte keinen Grund anzunehmen, dass es sich um etwas anderes als einen Selbstmord handelt, aber nun ..."
Hauptkommissar Jaschke packte sie sanft am Ellenbogen und senkte seine Stimme zu einem verschwörerischen Flüstern.
„Wenn Sie über Informationen verfügen, die Licht in die Angelegenheit bringen können, muss ich darauf bestehen, dass Sie diese mit mir teilen."
„Es ... es steht mir nicht zu, über diese Dinge zu sprechen."
„Ich muss Ihren Namen nicht erwähnen, wenn Sie es nicht möchten. Aber ich muss wissen, was genau passiert ist. Ich will verstehen, was hier vor sich geht."
Die junge Novizin schien mit sich zu ringen, doch dann gab sie ihre Gegenwehr auf. Sie hob den Kopf, sodass ihre schwarze Kopfbedeckung ein wenig herunterrutschte, und atmete tief ein.

„Otto hat etwas gesehen."
„Was meinen Sie damit? Was hat er gesehen?"
„Er hat es in der Nacht vor seinem Tod niedergeschrieben. Eine Gestalt war auf dem Gelände gewesen. Sie hat im frisch gefallenen Neuschnee eine blutige Spur hinterlassen. Erst hat er sie vor der Kapelle gesehen, doch dann war sie im Kreuzganghof verschwunden. Er war ihr hinterhergelaufen und hatte sie in der Nähe des Brunnens fast eingeholt, wo sie abermals verschwand. Auch die Blutspuren, denen er im Schnee gefolgt war, waren nicht mehr zu sehen gewesen. Doch als er in den Brunnen selbst hineingeschaut hatte, erblickte er auf dem Grund den blassen, aufgedunsenen Körper eines Kindes. Das Wasser war rot wie Blut. Und dann hörte er einen Schrei, der ihn herumfahren ließ. Als er sich wieder dem Brunnen zuwandte, war auf dem Grund nichts mehr gewesen, außer der spiegelnden schwarzen Wasseroberfläche in der Tiefe."
„Und all dies hat er wahrhaftig in sein Übergabebuch geschrieben?"
„Otto war ein sehr gewissenhafter Mensch, Herr Hauptkommissar. Ich denke, dass er sich nach dieser meiner Meinung nach übernatürlichen Erfahrung durch die korrekte Verschriftlichung seines Erlebnisses an der Realität festzuklammern versuchte. Ich meine, denken Sie nur an die Berichte über die blutweinenden Ikonen in der Ukraine, die man als untrügliche Anzeichen für einen bevorstehenden Krieg mit Russland deutet. Oder an die Schreie, die man in der Walpurgisnacht in den Katakomben unter dem Kölner Dom vernehmen und

die sich niemand erklären kann. Otto glaubte an derlei Dinge präkognitiver Natur ebenso vehement, wie manche Menschen an Heimsuchungen, Poltergeister oder dämonische Besessenheit glauben."
„Sie sehen dies freilich anders, oder?"
Schwester Marianne entfuhr ein Laut, der ein Schnaufen oder Lachen sein konnte oder eine Mischung aus beidem.
„Hier geht es nicht um mich, Herr Hauptkommissar. Es geht um Otto. Ich war mir sicher, dass man ihn für verrückt erklärt hätte und musste ihn vor dem Spott der diesseitigen Welt bewahren, aber dann ..."
Die junge Frau verstummte und sie bekreuzigte sich langsam und apathisch.
„Was war dann?"
„Dann erfuhr ich von der Sage dieses Klosters."
Hauptkommissar Jaschke blickte die junge Frau aufmerksam an. Mit einem Klicken betätigte er den Kugelschreiber und setzte auf einer Seite seines Notizblocks an, auf der sich bereits ein vertikaler und ein horizontaler Strich zu einer geometrischen Form verbanden. Der Stützbalken eines Galgens, an dem die Umrisse eines menschlichen Körpers baumelten.
„Welche Sage meinen Sie?"
„Man erzählt sich, dass zu Beginn des achtzehnten Jahrhunderts eine Nonne des Klosters einem Bürger der nahegelegenen Ortschaft Lich zugetan war. Er umwarb sie mit seinem ganzen Geschick und eroberte ihr Herz im Sturm. Alsbald wurde sie schwanger mit seinem Kind, doch er hatte schon

das Weite gesucht, um seiner Verantwortung zu entfliehen und andernorts ein ungebundenes und freies Leben führen zu können. Die Nonne, der es durch ihr umsichtiges Verhalten gelang, die Schwangerschaft geheim zu halten, brachte unbemerkt ein gesundes Kind zur Welt. Doch ihr Verrat vor Gott, dem sie einen Eid geschworen hatte, noch bevor sie sich der Verlockung des Fleisches hingegeben hatte, ließ der armen Frau in ihrer Verzweiflung nur eine Wahl."

Hauptkommissar Jaschke nickte bekümmert.

„Sie hat ihr Kind getötet, nicht wahr?"

„Ja", antwortete die junge Frau heiser. „Sie ertränkte das Neugeborene in eben jenem Brunnen, in welchem Otto dessen leblosen Körper wahrzunehmen glaubte. In der Nacht vor seinem Tod."

„Mein Gott", entfuhr es Hauptkommissar Jaschke. „Wie kann man so etwas tun und damit leben? Wie kann man in den Spiegel schauen, ohne sich zu hassen?"

Schwester Marianne blickte ihn mit müden, traurigen Augen an und seufzte.

„Ich denke, man kann es nicht."

„Wie meinen Sie das, Schwester?"

„Die unglückliche Nonne hat sich das Leben genommen. Sie erhängte sich an eben jenem Baum, an dem auch Otto sein Ende fand."

Die junge Novizin erschauderte.

„Und wie es scheint, all die anderen Menschen vor ihm, die der Nonne von Lich in den Tod folgten, nur weil sie ihrer Tragödie ansichtig wurden."

Hauptkommissar Jaschke blickte finster den Flur hinunter.

Die Sonne war bereits im Begriff unterzugehen und die vergitterten Fensterscheiben warfen geometrische Schatten auf die gegenüberliegende Wand, die ihn an die Gitterstäbe einer Zelle erinnerten.
„Ich fürchte", begann er mit leiser Stimme, „dass ich im Gegensatz zu Herr Klausner einen Bericht mit einem derartigen Inhalt niemals zu den Akten legen kann."
„Nein, wohl nicht. Es sei denn, Sie sehnen sich danach, vorzeitig wegen geistiger Verwirrung in den Ruhestand geschickt zu werden."
Hauptkommissar Jaschke blinzelte, nickte und blickte gedankenverloren in seine Notizen, die für ihn im Grunde denselben Zweck erfüllten wie das sinnlose Geschmiere auf einem Zettel während eines Telefongespräches. Formen, Linien und Striche, auf das Papier geworfen. Visualisierungen fliehender Gedanken einer die Konzentration vereinnahmenden Konversation.
Der Rumpf, die Beine, die Arme und der Kopf des Galgenmännchens waren bereits vollständig und als Teile eines am Strick baumelnden Leibes zu erkennen, doch die Augen, die den Umrissen des Körpers den Anschein von Beseeltheit verleihen sollten, fehlten noch.
„Ich glaube, Sie haben recht, Schwester."
„Womit genau?"
„Mit allem, was Sie über die Art sagten, wie mit den neu gewonnen Informationen umzugehen die beste Weise sei. Manchmal ist Schweigen eben wirklich und wahrhaftig Gold."
„Ach. Meinen Sie, Herr Hauptkommissar?"

„Aber sowas von. Und wenn ich mir die Parallelen anschaue zwischen Herrn Klausners Tod und dem mutmaßlichen Ende von Judas Ischariot, der Jesus Christus verriet und ebenso wie Herr Klausner endete, am Strick erhängt, mit heraushängendem Gedärm, dann habe ich Zweifel, ob es sich dabei um weniger handelt als um den buchstäblichen Zorn Gottes. Vorausgesetzt natürlich, man glaubt an derlei Dinge. Und vielleicht", raunte er unheilvoll, „ist die Legende der Nonne von Lich nicht der Anfang der Geschichte, sondern nur ein Teil des Gesamtbildes. Ein Kollateralschaden in einer langen Reihe von Toden, verursacht durch die berechtigte Rache eines unnachgiebigen Gottes, der auf Vergeltung aus ist für den Mord an seinem einzigen Sohn."
Schwester Marianne bekreuzigte sich rasch und mit routinierten Bewegungen. Ernst blickte sie ihn an und schüttelte den Kopf.
„Sie irren sich, Herr Hauptkommissar."
„Inwiefern?"
„Gott mag den Verräter bestrafen. Er mag den Verrat verabscheuen und den Versuch verdammen, sich der Verantwortung für das eigene Handeln zu entziehen. Doch in erster Linie ist er ein Gott der Vergebung, der Nächstenliebe und des Neubeginns."
Hauptkommissar Jaschke klappte seinen Notizblock zu und steckte ihn in die Innentasche seines Jacketts.
Das Galgenmännchen blieb unvollendet.
„Ihr Wort in Gottes Ohr, Schwester. Ihr Wort in Gottes Ohr. Und ich hoffe inständig, Sie liegen

damit richtig, auch wenn es mir am nötigen Glauben mangelt."
„Gottes Wege sind unergründlich", sagte sie mit betretener Stimme, bekreuzigte sich erneut, ergriff das Kreuz ihres Rosenkranzes und küsste es. Hauptkommissar Jaschke schnalzte mit der Zunge und verschloss die Knöpfe seines Mantels.
„Ich bedaure Ihren Verlust, Schwester. Und ich danke Ihnen für Ihre Offenheit. Seien Sie sich meiner Diskretion gewiss."
Die junge Novizin senkte den Kopf. Auf eine respektvolle Weise nickte sie ihm zum Abschied zu und blickte ihm gedankenvoll hinterher, als er den Flur entlang schritt, das Parlatorium passierte und das Kloster Arnsburg durch den Nordeingang verließ.

Invictus

Tribun Publius Quinctilius Varus
Schriftlicher Morgenbericht XXVI

Auf dem Weg entlang der Elbe, der Heimat entgegen, erreichten uns Informationen über einen kleinen regionalen Aufstand der Germanen in einem Gebiet in der Nähe der Weser.

Da wir mit den drei Legionen XVII, XVIII und XIX neben den sechs Kohorten eine Mannstärke von annähernd 23.000 Soldaten umfassen, sollte diese Situation relativ schnell und effizient unter Kontrolle zu bringen sein.

Arminius, der verruchte Plebejer, der das römische Reich in seiner höchsten Blüte angreift und von seinen Gefolgsleuten ‚Befreier Germaniens' genannt wird, wurde in der ersten Hälfte des Jahres südlich der Donau gesichtet, wo er das räudige Lumpenpack zu rekrutieren gedenkt, das er eine Armee nennt.

Nach den vielen Monden, die meine Streitmacht nun schon auf den Beinen ist, gehen die Vorräte an Wasser, Trockenfleisch, Oliven und Mehl zur Neige, doch Mars ist gnädig mit uns und bändigt die Naturgewalten, sodass die Witterung für diese Zeit im Jahr des Falken verhältnismäßig milde geartet und wohlwollend gestimmt ist.

Den nahenden Winter immer fest im Blick, der jenseits der Berge auf uns lauert, einen eisigen, elenden Tod verspricht und seinen Tribut einfordern wird, wie er es in jedem Jahr zu tun pflegt, nutzen wir die uns gegebenen Ressourcen voll aus und korrigieren unseren Kurs lediglich marginal, sodass wir den eingeschlagenen Weg und das Ziel dieses Schlachtzugs nicht aus den Augen verlieren.

Der Historiker Lucius Atticus und sein junger Schüler Aurelius Maximus, die Rom höchstpersönlich auserlesen und entsandt hat, sind als Zivilisten einzustufen und dokumentieren unsere Reise, hinein in die unzivilisierte Welt jenseits des Walls der alten Ordnung vergangener Tage, fern der Gnade der Götter. Sie erhalten unsere Geschichte für die Nachwelt und uns nachfolgende Generationen, dem Ruhm des Heiligen Römischen Reiches zur Ehr.

In den Ausläufern des Teuthoburger Waldes, die wir in einigen Tagen erreichen werden, so Mars will, gibt es den Berichten der Späher nach zu urteilen Wölfe und Braunbären. Also muss es auch Wild und letztlich auch trinkbares Wasser geben, um unsere Vorräte an Fleisch, Wasser, Leder und Knochen für die Brühe aufzustocken. Die Männer haben Hunger, doch schlimmer als der Hunger ist der Durst.

Unser Wasservorrat wird in wenigen Tagen versiegen. Trotz allem bin ich zuversichtlich und frohen Mutes, denn die Männer lassen sich nichts anmerken und erfüllen ihre Aufgaben mit stoischer Perfektion. Sie finden sogar bisweilen Muße, auf ihren Knochenflöten zu spielen.

Ich nehme an, sie denken bereits an die Zeit nach ihrem triumphalen, vielfach besungenen Sieg über den verfluchten Hundesohn Arminius und seine kläffenden Köter.

Die Krieger meiner Legionen sind die Elite der Elite. Sie wurden für eine solche Zeit voller Entbehrungen und Aufopferungen erschaffen, wurden erbarmungslos gedrillt, geformt, gebrochen und wieder zusammengesetzt. Sie wissen, was sie tun und ich vertraue ihnen mein Leben an, was auf Gegenseitigkeit beruhen mag.
Mein Mantra lautet: Ein Leben für ein Leben. Meine Männer sind sich dessen gewahr.
Mit Stolz und Zuversicht bewegen wir uns hoch erhobenen Hauptes, Marschlieder schmetternd, in einem südwestlichen Kurs in Frosch-Formation auf das Wiehengebirge zu, das die Nordseite des von den Germanen annektierten Gebietes begrenzt. Knorrige Wälder, weite Flure und berggrüne Knochenacker, aus denen bleiweißer Nebel aufsteigt, wie der toxische Qualm einer alchemistischen Reaktion.
Der Nebel schluckt jedes Geräusch. Unser Feind wird uns weder kommen sehen noch hören.

Niederschrift des Lucius Atticus
im Jahr des Poppaeus Sabinus

Schwer wiegt das Haupt, das die Krone trägt. Und einzig Rom hat die Stärke, sie zu tragen.
Ein Exempel muss statuiert werden!
Wie heißt es doch bei Ovid:
Arma in armatos sumere iura sinunt.
Es ist rechtens, gegen Bewaffnete mit Waffen vorzugehen.
Die Dreistigkeit der hirnlosen und bestialisch plündernden und brandschatzenden Alamannen hat

eine Grenze überschritten und Prozesse in Gang gesetzt, die nicht mehr aufzuhalten sind.
In den vergangenen dreißig Wintern hat es viele Schlachten gegeben, von denen niemand mehr berichten kann und deren Gefallene unbestattet bleiben. Scharmützel und Kleinkriege, die bereits vorüber waren, sobald sie begonnen hatten. Beendet durch einen vernichtenden Präventivschlag.
Die Hand Gottes.
Das sind wir. Wir alle, die wir uns aufgemacht haben, die Vergewaltiger, Meuchelmörder und Kinderschänder zu stellen und ihnen ihre gerechte Strafe zukommen zu lassen. Für die Germanen im Allgemeinen und Arminius im Besonderen sind wir also nichts weniger als das.
Die Hand Gottes.
Meine Wenigkeit, mein hübscher Lehrling Aurelius Maximus, unser ruhmreicher Feldherr Varus, der heißspornige Proculus, der listige Faustus, der hünenhafte Hostus, der gütige Gaius, der männermordende Opiter und all die anderen Legionäre, Centurionen, Späher, Soldaten, Sklaven, Mulis und illegitimen Frauen und Bastarde der Offiziere, aus denen das Heer mit seinen Trossen, Auxiliartruppen und Gefolgen besteht.
Wir sind Rom.
Wir leben Gottes Traum und sind deshalb nichts weniger als sein Wille.
Und wenn man die römischen Soldaten ansieht, meint man wahrhaft, Gottes Ebenbilder zu erblicken, in ihrer Stärke und Entschlossenheit gottgleich in allem, was sie tun.
Ab dem Moment ihres Erwachens streben sie nach

Perfektion, die Erfüllung ihres Eides an Rom vor Augen: Das globale republikanische Reich römischer Nation.
Varus, unser umstrittener Feldherr, hat wahrlich eine tragische Historie. Nach dem Freitod seines Vaters, der zum Feind übergelaufen war und posthum von Cäsar begnadigt wurde, stieg er in der römischen Militärhierarchie auf.
Man sagt ihm nach, er sei korrupt und rücksichtslos, grausam und gnadenlos in der Schlacht.
Viele Schatten seiner Vergangenheit scheinen noch an ihm zu lasten, doch die Tatsache, dass er wenige Monde vor diesem Feldzug seine geliebte Gemahlin Levana zu Grabe tragen musste, muss ein besonderer Schlag für ihn gewesen sein.
Ich erlebe ihn heute ein wenig trauriger, in sich gekehrter und nachdenklicher, als ich ihn in lange vergangenen Tagen kennenlernte.
Manchmal sogar abwesender, so als würde er jemandem zuhören, der nicht existiert. Jemandem, der neben ihm steht und ihn anlächelt.
Er scheint mir darüber hinaus ein sehr charismatischer und starker Anführer zu sein.
Rein optisch reiht er sich ein in die illustre Reihe durchtrainierter, doch eher hager und drahtig wirkender Persönlichkeiten, wie man es bei Gnaeus Aemelius oder Quintus Silius beobachten konnte. Feldherren, deren Siegeswille, strategisches Talent und Mut ihre mangelnde Erfahrung auf den Feldern des Blutes aufwog.
Trotz seiner vage wahrnehmbaren Trauer wirkt er ausgeglichen und kraftvoll auf mich, auf eine maskuline und erhabene Weise. Dieser Mann mit der

spitzen, ausgeprägten Nase, den strengen Brauen und dem goldbraun schimmernden Lockenschopf. Ein Heerführer, der in jeder Situation die Kontrolle zu behalten scheint und dessen silberner Helm an den Seiten von einem glänzenden Flügelpaar flankiert wird und ihm die Aura eines Racheengels verleiht, wenn er über seine Feinde kommt.
Publius Quinctilius Varus.
Er wirkt entschlossen auf mich, als wüsste er, was er tut.
Meiner Erfahrung nach ist dies nicht bei jedem Tribun der Fall und so sehe ich unserer Expedition in feindliches Territorium mit einer gewissen Gelassenheit entgegen.

Als die römischen Legionen das morastige Plateau erreichen, sehen sie bereits den pittoresken, pechschwarzen Kirchturm des Dorfes.
Windschiefe Baracken und klobige Lehmhütten, die sich im Schatten von Ulmen, Eschen und Eiben drängen. Eingestürzte Gebäude. Verkümmerte Vegetation. Verkrüppelte Bäume.
Graue und spröde Pflanzenstiele und vertrocknete Blüten mit verstörend dissonant wirkenden Farbkombinationen säumen die Häuser und Hütten. Ein Brunnen im Dorfzentrum, aus dem vielfarbige Dämpfe aufzusteigen scheinen.
Die Klinge eines Perlschnurblitzes zerschneidet gleißend den Himmel. Die Straßen sind wie leergefegt.
In der Ferne grollt der Donner.
Eine Wolkenfront hat die Berge überquert und bringt dampfenden, nach Verwesung stinkenden

Regen mit sich, der ölig von den stählernen Helmen und Visieren der Soldaten tropft.
Der Boden ist mit Moosflechten bedeckt und wirkt feucht und nachgiebig, fast wie eine organische Masse. Die Sandalen der Soldaten hinterlassen schmatzende Spuren darin, die augenblicklich wieder hinter ihnen verschwinden.
„Zenturio Hostus."
„Tribun?"
„Veranlasse er die Auflösung der derzeitigen Standardformation zugunsten einer defensiveren Variante bezüglich der hinteren Linien."
„Zu Befehl, Tribun. Hintere Linien."
Varus lässt den Blick schweifen. Hinter seinen Centurionen und Legionären, die die Marschformation des ‚tobenden Alligators' angenommen haben, thront er auf seinem gepanzerten Schlachtross Ajax am Rande der Anhöhe und lauscht dem Wind.
Er hört sie, bevor er sie sieht.
Hinter der Heidelandschaft, am Ende des Tals, wo die Wälder beginnen, tauchen die Germanen zwischen den Baumstämmen auf und verharren. Ihre Kampfschreie erinnern Varus vage an das Bellen von scharfen Hunden.
Ein martialischer Laut ertönt, ähnlich eines Horns, schrill und stechend. Ungeordnet und keiner Formation angebunden strömen die germanischen Krieger aus dem Wald, hinein in die Heide. Der Regen wird stärker. Wolken verfinstern den Himmel. Varus' Nackenhaare richten sich auf und sein Blick schärft sich, fokussiert sich auf die heranstürmenden Barbarenkrieger, auf jeden von ihnen.

Einen nach dem anderen.
Die Cherusci sind fast ausschließlich mit Schwertern und Äxten bewaffnet. Sie sind also vorwiegend für den Nahkampf gerüstet, was Varus ein kleines Zeitfenster lässt, um seine Überlegenheit in diesem Aspekt und Moment der Schlacht effizient zu nutzen.
„Operam!"
Seine Stimme zerschneidet das lauter werdende Gebrüll der Germanen wie mit einer akustischen Klinge. Dem Drill folgend schnellen die römischen Soldaten wie ein Körper mit 23.000 Köpfen in die Habachtstellung.
„Testudo!"
Die Soldaten rücken nach außen und erheben ihre mannshohen rechteckigen Schilde. In perfektem Einklang bilden jeweils 500 Männer eine Phalanx von Rechtecken, die in groben Zügen den Panzern von Schildkröten ähneln. Das Kampfgeschrei der Barbaren wird immer lauter. Das Trampeln ihrer Stiefel lässt die Erde erzittern.
„Pila sursum!"
Die Schilde an der Vorderseite der Formationen weichen zur Seite und geben Raum für die erste Angriffswelle.
„Mittite!"
Aus einer halben Meile Entfernung werfen die Centurionen ihre Speere in Richtung Frontlinie, wo sie nur wenige Augenblicke später als ein in der Nachmittagssonne glitzernder Regenschauer aus Metall und Ebenholz auf der gesamten Fläche des feindlichen Heeres einschlagen. Die Hälfte der Germanen fällt sofort, die andere Hälfte rennt un-

gebremst schreiend weiter.
„Testudo! Confestim!"
In wenigen Augenblicken bilden die Schilde der Soldaten wieder Rechtecke, die jede Elle gegen die Außenwelt abschirmen.
Germanische Pfeile schlagen auf den römischen Schildwall ein und prallen nutzlos ab. Die Pfeilspitzen der Cherusci sind zu weich und nicht für den gehärteten Stahl römischer Militaria gemacht. Dann sind sie da. Eine Flut aus Holz, Eisen, Leder und Kupfer. Keine Taktik, keine Formation, nur nackte, blanke Kampfeslust und unendlicher Hass. Mit einem gewaltigen Aufprall treffen die germanischen Krieger auf die römischen Schilde und werden aufgehalten.
Stinkende, mit Fellen bedeckte Körper drängen sich an die römische Phalanx, die standhält unter der Last der fettleibigen Alamannen.
„Progredere!"
Dem Befehl folgend machen die römischen Soldaten einen Schritt nach vorne. Die stählernen Schilde schieben die Menschenwand ihrer Feinde vor sich her und werfen sie zurück.
„Gladius!"
Der Schildwall öffnet sich gerade weit genug, damit die Legionäre mit einem gezielten Hieb ihrer Kurzschwerter Kehlen aufschlitzen, Hände abhacken und Köpfe einschlagen können. Fontänen aus Blut färben die Außenseiten der Schilde, deren Lücken sich unmittelbar nach der Welle der Schwerthiebe wieder schließen.
„Tollite pila! Ad caput altudinis!"
Die Schilde weichen erneut zur Seite und die

Centurionen werfen ihre Dolche mit Kraft in einem flachen Winkel auf Kopfhöhe in Richtung Frontlinie.
Ihr Weg ist nicht weit.
In einer kollektiv anmutenden Art und Weise geht der Großteil der germanischen Krieger zu Boden, getroffen in Hals, Torso, Kopf und Abdomen. Das sich beim Aufprall verbiegende Metall der Dolche, das so auch gegnerische Panzerungen unbrauchbar machen soll, scheint mit ihren Überresten eins geworden zu sein.
„Omnes interficere! Captivi nulli! Tötet sie alle!"
Wieder gleicht es einer einzigen Bewegung, als die Formationen sich auflösen und die römischen Soldaten in perfekten Dreierreihen einen Winkel von neunzig Grad assimilierend der Frontlinie entgegen schreiten. Mit ihren Speeren und Kurzschwertern machen sie dem Leiden der Gefallenen ein Ende. Ein barmherziger Akt inmitten des Wahnsinns des Krieges.
Zenturio Proculus tritt auf Varus zu und räuspert sich, um die Aufmerksamkeit seines Feldherrn zu gewinnen. Seinen Helm hat er unter den Arm geklemmt, sein kurzes, schwarzes Haar ist struppig und verschwitzt, sein Blick ist müde.
„Tribun. Was …", beginnt er mit belegter Stimme.
„Was ist mit den Zivilisten?"
Varus runzelt die Stirn. Sein Zorn auf die ruchlosen Taten der germanischen Untermenschen ist im Widerstreit zu seinen religiösen Überzeugungen. Er ist wütend. Er will sie tot sehen, will sie ausrotten und endgültig vom Angesicht des Planeten tilgen.

Tötet sie alle!
Er hadert. Die Legionäre erwarten seinen Befehl. Levanas Gesicht erscheint in der Masse der Soldaten und wendet sich ihm wie in Zeitlupe zu. Ihr schwarzes langes Haar sieht aus, als wäre es nass. Ihr Blick ist leer und bar jeder Hoffnung, doch ihre Lippen umspielt die Spur eines Lächelns.
Was tust du?
Ich überlebe.
Und wie tust du das?
„Tribun?"
„Verschont die Zivilisten und versorgt ihre Verletzten. Und sucht mir einen ortskundigen Ureinwohner, der sich uns verständlich machen und bei Bedarf als Übersetzer fungieren kann. Jemanden, dem die Gegend vertraut ist, der hier geboren und aufgewachsen ist."
„Entschuldischung."
Ein untersetzter, beleibter Mann in anthrazitfarbener Kleidung tritt vor. Sein schwarzer Schlapphut sitzt ein wenig schief. Eine randlose Brille mit enorm dicken Gläsern dominiert sein Gesicht.
„Isch kenn misch hier ganz jut aus und isch helf gern dobei, son Frevel an Ende zu mache."
Zenturio Marius Hostus blickt Zenturio Tullus Proculus unter dem Visier seines Helmes an und blinzelt überrascht. Seine Augen weiten sich aufgrund der ungeheuerlichen Tatsache, dass der Barbar es wagt, den Heerführer direkt anzusprechen. Ihn, den großen Publius Quinctilius Varus, Feldherr Roms, Befehlshaber von Legionen, Bewahrer des Friedens, die letzte Bastion gegen die Barbarei.

Varus selbst behält die Fassung und blickt dem kleinen, pummeligen Mann mit der Brille fest in die Augen.
„Von welcher Art Frevel kündet er? Erkläre er sich mir!“
„Na, de Ziege. Es is de Ziege mitten tausend Jungen. Sie ham sie gerufen, am letzten Vollmond. Shub-Niggurath. Und wo de Ziege is, is och de Große nich weit.“
„Welchen Großen meint er? Und welche Ziege? Er redet wirr!“
Die unerwarteten und verstörend konfusen Informationen, die er zu verarbeiten hat, meißeln Varus horizontale Falten auf die Stirn, die seiner Ungeduld und Verwirrung Rechnung tragen.
„Rhan-Tegoth. De Fresser vonnen Sternen, dessn Kinder den großn und mächtign Cthulhu uff de Welt brachtn. Vor der Zeit. Hinner dem Raum.“
Zenturio Hostus tritt vor und packt den kleinen stämmigen Mann grob am Arm.
„Beim Jupiter! Sprich, Untermensch! Von wem kündet deine wirre Rede?“
„Rhan-Tegoth“, keucht er erschrocken und erzittert. „De König. Er is einer der äußeren Götter aus de alden, vergessnen Epochen. A Ding, nich tot, nich om Leben. Holb Insekt un holb Seigetier. A Ding, dassen Tod überdauern tut. Er is riesengroß un wird imma gräßer, je mehr er fresse tut. Er hod drei Augn, Glieder vonnem Krebs und die Fangarme vonnem Tintenfisch. Er is des Chaos, fleischgewordnes Chaos, geborn inner annern Welt, jenseits un ... sie hätt ihn niemals rufe därfe. Sie ham en Deifel auffe Welt losgelasse. Er wird uns olle

vanichten. Römer. Germane. Fraan. Kinner. Adlige. Bastarde. Vor seim Hunger simmer alle gleich. Alls bloaß Haut, Knochn un Fleisch. Futter, net mehr."

Commentarius des Aurelius Maximus
November im Jahre IX
Anno Domini Nostri Iesu Christi

Es erscheint mir wahrlich so zu sein, wie Seneca es einst sagte:

Aequat omnes cinis.
Impares nascimur, pares morimur.

Asche macht uns alle gleich.
Ungleich werden wir geboren, gleich sterben wir.

Wie hätten wir ahnen können, welch Abgrund uns zu verschlingen trachtet? Wie hätten wir uns wappnen können gegen die ruinösen Kräfte dieser außerweltlichen Bedrohung?
Als junger Mann bin ich damals auf diese Reise gegangen. Nun, nach mehr als zwanzig vollen Monden fühle ich mich vor der Zeit alt geworden und verbraucht, ausgelaugt bis auf das Mark in meinen Knochen.
Könnte ich doch nur den Lauf der Dinge zurückdrehen, in eine Zeit, bevor ich einen Fuß in den Teutoburger Wald gesetzt oder jemals die Namen ‚Shub-Niggurath' oder ‚Rhan-Tegoth' gehört habe.
Vor drei Nächten fanden wir den Ort, wo sie ihren Göttermonstern huldigen, wie der germanische Dorfbewohner sagt.

Und als wir das fremdartige, inmitten des Waldes völlig deplatziert wirkende Bauwerk zum ersten Mal erblickten, fühlten wir nichts als reinstes Entsetzen.
Es war augenscheinlich eine Art Tempel, doch die Proportionen waren nicht auf die menschliche Anatomie ausgerichtet, sondern auf etwas weitaus Größeres und Gewaltigeres.
Drei riesenhafte Stufen führten ins Innere. Sie zu erklimmen dauerte mehrere Stunden, wobei der Großteil des Hilfstrupps, die Pferde, die Maultiere, deren Mulis und die Frauen und Kinder mit einem wehrhaften Mindestkontingent an römischer Kavallerie zu ihrem Schutz zurückblieben.
Das Innere des antiken Tempels war riesenhaft. Aschgraue Fasssäulen begrenzten den Weg durch die steinerne Flur des titanischen Bauwerks, durch die Schatten hindurch, überproportioniert hohe Stufen empor und hinauf zu einer Art Altar, der aufgrund seiner Beschaffenheit vermuten lässt, dass dort Menschenopfer dargebracht werden.
Der Germane, der Varus von den kosmischen Ungetümen berichtete, benutzte eigentümliche und fremdartige Begriffe wie ‚Necronomicon', ‚Kadath', ‚Celephais' und ‚Transpnakotische Parallele interstellarer Natur'.
Er sagte, dass wir alle dem Untergang geweiht sind, wenn wir uns dem Fresser und seiner Ziegenbrut auch nur nähern.
Flucht sei der einzige Ausweg, der uns bliebe. Doch eine Flucht ist ausgeschlossen.

Ein Römer flüchtet nicht, er obsiegt.

Tribun Publius Quinctilius Varus
Schriftlicher Morgenbericht XXXVIII

Drei Tage und Nächte ist es nun her, seit sich der Erkundungstrupp auf den Weg gemacht hat. Sie sollten längst zurück sein.

Wir müssen sie finden und sei es nur, um die Moral der Männer aufrecht zu erhalten, solange der Prometheusfunken noch in ihnen glüht.

Heute Morgen, kurz vor Sonnenaufgang, kamen zwei der Gäule blutverschmiert ins Lager zurück. Keine Spur von den Soldaten.

Gottverdammte cheruscische Homunculi!

Der Überläufer spricht von Monstren und Chimären. Mischwesen der tiefsten Schlünde, halb Ziege, halb Oktopus. Doch nicht nur die Dämonen, die der kleine dicke Mann mit der Hornbrille zu beschreiben nicht müde wird, sondern auch die durchaus reale Bedrohung durch die Alamannen bleibt gefährlich.

Das Terrain des Teuthoburger Waldes stellt uns vor Herausforderungen. Zum einen aufgrund der Tatsache, dass die eng bewachsenen Buchenwälder es den Soldaten erschweren, Blickkontakt zu ihrem Tross zu halten oder des Nachts auf Kurs zu bleiben. Zum anderen, weil es schlicht keinen Platz gibt für eine militärische Formation.

Die Stämme der Bäume wachsen so dicht beieinander, dass nicht mehr als drei Soldaten nebeneinander laufen können, was eine Formation, die dazu ersonnen wurde, einer ganzen Legion Defensive und Schutz zu bieten gegen feindlichen Beschuss, undenkbar macht.

Die fast schwarz wirkenden Baumgerippe, die sich schemenhaft gegen das blasse, pulsierende Feuer der nördlichen Gestirne abzeichnen und verstörend fremdartigen Mustern und Gesetzmäßigkeiten unterworfen zu sein scheinen, verängstigen die Männer. Sie glauben, die Sterne stehen ungünstig, aber ich sage, sie standen niemals besser. Die Flora und Fauna um uns herum wird mit jeder zurückgelegten Meile kurioser. Zu gleichen Teilen an Libellen und Ratten erinnernde, immens fette Insekten schweben mit sirrenden Geräuschen in der Luft. In violetten Netzen hocken zwölfbeinige Spinnen und warten auf Beute. Zweiköpfige Schlangen verstecken sich im Unterholz. Es ist, als würde dieser Teil der Welt unbekannten Regeln folgen, die fern menschlichen Verständnisses beheimatet sind.
Ich habe jemanden gesehen.
Eine Frau. Sie gleicht meiner verstorbenen Gemahlin aufs Haar. Die in ein weißes Gewand gekleidete Gestalt schleicht manchmal im Lager umher, immer dann, wenn sie anzunehmen scheint, dass ich sie nicht bemerke. Aus den Augenwinkeln heraus sehe ich sie, wie sie einem negativen Sonnenfleck gleich durch die Schatten des Teuthoburger Waldes wandelt, zwischen den Bäumen, hinter dem Tal der Tränen.
Ich weiß, dass sie nicht real sein kann und dass mein Weib fort ist, für immer.
Heimgegangen und eins geworden mit der Asche ihrer Ahnen. Ich habe sie zu Grabe getragen.
Aber ich weiß auch, dass ich nichts weiß und dass sie immer ein Teil von mir sein wird und es Orte

gibt, jenseits, hinter den Sternen, wo Tod auch immer Geburt bedeutet und nichts jemals wahrhaftig stirbt.
Es verändert sich lediglich.

Nachtrag:

In der zweiten Hälfte des dritten Tages unserer Suche fanden wir die Überreste des Spähtrupps am Fuße eines steilen, verschneiten Berghangs. Hufspuren und Lachen aus Blut und Pisse in blankbeinigem Schnee. Einfache, an Kochtöpfe erinnernde Helme niederrangiger Fußsoldaten lagen auf einem Hügel in der Mitte des Platzes, aus denen uns aus aschfahlen grauen Gesichtern die toten Augen unserer Kameraden anglotzten.
Knochen überall. Blut, das in der Sonne gerann.
In dichten, lautlosen Flocken fiel der Schnee. Die tief eingesunkenen Abdrücke germanischer Infanteriestiefel wiesen uns den Weg nach Osten, unseren ursprünglichen Kurs verlassend.
Unterwegs stießen wir immer wieder auf diese gigantischen Fußabdrücke, die ich mir nicht erklären kann und die eigentümliche Ähnlichkeiten mit der Fährte von Komodowaranen aufweisen, obgleich sie an Größe und Tiefe die Spuren jedes lebenden Reptils bei Weitem in den Schatten stellen.
Ein Wesen solchen Ausmaßes müsste mindestens zwei Tonnen schwer und siebzig Ellen groß sein.
Eine solche Kreatur kann nicht existieren! Sie darf einfach nicht existieren!
Zenturio Proculus ist begierig darauf, seine Quali-

täten als Truppführer unter Beweis zu stellen und dem Usurpator nachzusetzen. Er ist ein Heißsporn und giert förmlich danach, feindliches Blut zu vergießen, doch seinem Wunsch soll entsprochen werden.
Ab sofort hat er das Kommando über die XVIII. Legion, die stärkste meiner Truppen, die bislang von Exiliarkommandant Paulus Phoebius angeführt wurde und deren Aufgabe in der Planung, Organisation und Ausführung militärischer Präventivinterventionen liegt.
Der germanische Überläufer faselte wirr von Ritualen und einem freiwilligen Selbstopfer, das den Übergang öffnet oder verschließt.
Ich verstehe nicht jede Dynamik der Situation, aber ich habe das Gefühl, einen Plan zu haben, für den Fall, dass es den ‚Fresser vonnen Sternen', wie der Überläufer ihn nannte, tatsächlich gibt.
Mars, wache über uns.
Gib uns Kraft, Fortuna. Mach uns stärker als die Dämonen der Unterwelt, die uns zu bedrohen scheinen.
Levana, lenke mein Geschick und urteile weise und gütig über uns, wie auch wir werden weise und gütig urteilen über unseren Bruder.

Niederschrift des Lucius Atticus
im Jahr des Poppaeus Sabinus

Schwer wog das Haupt, das die Krone trug.
Varus ist nicht mehr.
Unser ruhmreicher Feldherr hat sein Leben gegeben für uns, und doch konnte er nur eine Handvoll

seiner Kameraden retten.
Er ist vor meinen Augen gefallen und in die Unterwelt hinabgestiegen und ich bete und hoffe, dass er wieder mit seiner heimgegangenen Gemahlin das Bett teilt und die Ewigkeit auskostet, mit all den in Gedichten und Liedern versprochenen himmlischen Köstlichkeiten und göttlichen Versuchungen.
Ein paradiesischer Garten Eden mit unzähligen Apfelbäumen und nicht einer einzigen Schlange oder Ziege.
Am Tag von Varus' Tod führte uns der der germanische Deserteur zu einer Anhöhe in den Ausläufern der Heideebene, von wo aus wir die Umgebung sichten konnten.
Das weitläufige Tal, vor dem wir standen, nannte der kleine Mann abwechselnd ‚Die verfluchte Heide' oder ‚Tal der Tränen', und es genügte ein einziger Blick, um zu erkennen, dass es widernatürlicher Art war. Von der Anhöhe aus erblickten wir eine graue, spröde Landschaft mit weiten, leeren Heideflächen und kränklicher Vegetation.
Kein Baum wuchs auf der weiten Flur und kein Vogel sang. Ein blinder Fleck inmitten der Topographie. Eine tote, kranke Welt, in der nichts leben konnte.
Nördlich floss die Weser vorbei. Im Westen begann der Teuthoburger Wald und fungierte als Grenze der Zivilisation. Jenseits seiner Ausläufer begann die Wildnis, wo es nur ein Gesetz gab: Das Überleben des Stärkeren.
Wir fanden den Krater, von dem der kleine Mann aus dem Dorf berichtet hatte, südlich des Walls der alten Ordnung, als die Sonne ihren Zenit erreichte.

Er war gewaltig und reichte so tief ins Erdinnere, dass man seinen Grund nicht sehen konnte. Unser ruhmreicher Anführer schritt furchtlos voran, auf den Abgrund zu, gefolgt von den donnernden Schritten seiner Legionen.

Am Rand des Kraters bleibt Varus stehen und blickt hinein. Er nimmt eine schemenhafte Bewegung auf dem Grund wahr. Der massige, behaarte Körper eines Ungetüms unbestimmbarer Größe klettert mit einer Vielzahl von in Scheren endenden, vielgliedrigen Greifarmen den Schacht hinauf, dem Licht am Ende des Tunnels entgegen.
Ein schreiendes Monster, das den unergründlichen Tiefen unter dem Schlund entsteigt und sich beharrlich der Oberfläche nähert.
Rhan-Tegoth.
Sein Ruf ist der vervielfach verstärkte Bass einer dröhnenden Tuba, deren Klang vorrangig dazu gedacht ist, die gegnerischen Truppen zu demotivieren und in Angst und Schrecken zu versetzen.
Das Geräusch verfehlt seine Wirkung nicht.
Unentschlossen verharren die Römer. Sie erstarren buchstäblich und bleiben bewegungslos lauschend stehen, als sie trippelnde Geräusche hören, die von den keuchenden, schleimigen Atemgeräuschen an Land sterbender Meeresbewohner begleitet werden.
Schemen bewegen sich in der Schwärze der Tiefe. Etwas kommt zitternd und flatternd aus dem Schlund gekrochen. Ein Körper lugt über den Rand der sich mit den langen, spitz zulaufenden Klauen eines Tiefseeinsekts an der Innenseite des

Kraters festkrallt und daran emporzieht. Ein muskulöser und sehniger Fleischsack mit Spinnenbeinen, Ziegenhufen und den Greifarmen eines Tintenfischs. Die Kreatur fällt über den Kraterrand, schüttelt ihre Gliedmaßen und erhebt ihr augenloses Angesicht in einer würdevollen und majestätischen Bewegung.
Der Kopf der Abscheulichkeit ist ein blanker Schädel ohne Gesicht. Er wird exakt in der Mitte wie mit einem horizontalen Schnitt in zwei Hälften geteilt. Ein Schmatzen ertönt, als das Wesen sein Maul unnatürlich weit öffnet und seine klingenartigen, spitzen Reißzähne entblößt. Seine Visage ist die grinsende Fressfront eines Anglerfisches. Seine Tentakel sind tastende Greifwerkzeuge, deren Bewegungen an die fließende und hypnotische Trägheit von Unterwasserlebewesen gemahnen.
Der Anblick der Kreatur lässt Varus erschauern.
Immer mehr Ungetüme kriechen herauf und erklimmen den Rand des Schlunds wie Ameisen, die in kriegerischer Absicht ihren Bau verlassen.
Dutzende von ihnen schälen sich aus der Tiefe. Binnen weniger Augenblicke etabliert sich ihre physische Präsenz zu einem direkten Gegenpol zur römischen Armee.
Unter dem schleimigen Schmatzen durch Photosynthese erzeugter Transformation entfalten die Ziegenwesen Gliedmaßen, die den Schwingen von Flughunden ähneln. Die langen, spitz zulaufenden Hackwerkzeuge, auf denen sie laufen, scharren unruhig auf dem Heideboden. Ihre Fühler flattern aufgeregt im Wind. Geifer tropft zu Boden. Sie

harren aus, als warteten sie auf ein Signal oder Kommando.
Aus der Tiefe nähern sich die polternden Klänge gewaltiger Schritte. Ein Schnaufen zerreißt die atemlose Stille. Ein gewaltiger runder Kopf schiebt sich aus der Öffnung. In der Mitte des Schädels hebt sich ein zuckender Ring aus Tentakeln und ein mahlendes Fressmaul mit dolchartigen Reißzähnen wird darunter sichtbar.
Rhan-Tegoth richtet sich auf, holt tief Luft und schreit. Sein Schlachtruf dröhnt wütend über die Heide, als der kleinere der äußeren Götter vollends dem Schlund entsteigt und sich schüttelt. Sein Körper dampft in der winterlichen Kälte. Seine Tentakel zucken umher. Seine Schritte lassen die Erde erbeben.
Decurio Mamercus Opiter erlangt seine Fassung als erster zurück.
„Vade ... vade retro!"
Seine Worte sind Schreie, die von seinem Selbstbewusstsein zeugen, als ihm bewusst wird, dass er die Befehlskette unterwandert hat.
Er hält inne. Varus hebt den Kopf. Sein Blick ist eisern. Seine Stimme erzeugt ein Echo in den Reihen der Männer.
„Amen!"
Der Befehlsbestätigung ihres Tribuns folgend, die dem geistesgegenwärtigen Decurio Befehlsgewalt über das Gesamtheer gibt, weichen die römischen Legionen eine halbe Meile zurück.
„Aciem dirigite!"
Die Soldaten nehmen Haltung an. Sie richten ihre Blicke gen Westen, den Höllenpfuhl anvisierend,

dem die Dämonen entstiegen sind. Der Wind zerrt zornig an ihren Umhängen. Flatternde Banner, die Flammen gleichen.

„Scuta sursum!“

Der junge Soldat schreit so laut, dass seine Stimme beinahe bricht. Die Schilde der römischen Legionäre fahren hoch wie eine stählerne Wand.

„Gladius stringite!“

Das Geräusch von 23.000 zeitgleich gezogenen Kurzschwertern erklingt. Für Decurio Opiter ist das Geräusch ein elysischer Wohlklang ohnegleichen. Das letzte Atemholen, bevor die Hunde des Krieges entfesselt werden. Der letzte Moment der Unschuld vor der Schlacht. Vor dem Blutvergießen und der Ouvertüre des Fressens und Gefressenwerdens.

Decurio Mamercus Opiter, der Rhan-Tegoth heldenhaft entgegeneilt, bleibt auf halber Strecke stehen. Er zieht sein Schwert und streckt es in einer heroischen Geste in die Höhe, über seinen Kopf der Sonne entgegen.

Wie in Zeitlupe dreht er sich um.

Er will den Soldaten etwas zurufen, als einer der Greifarme der Bestie unvermittelt das Handgelenk seiner Schwerthand umschließt und ihn mit sich reißt.

Der monströse Gigant hebt ihn hoch, lässt ihn zappeln und begutachtet ihn. Er zieht Opiter in seinen Schoß und hält ihn in eisernem Griff fest umklammert. Tastend fließen seine Tentakel über den Leib des Kriegers und kosten von seiner Aura. Das Monster schüttelt sich. Es stöhnt in Vorfreude auf die zu erwartende Delikatesse.

Unvermittelt schießt eine der Scherenhände vor und köpft den jungen Soldaten direkt über den Schultern. Wie eine Frucht fällt sein Helm zu Boden. Mit zitternden und ekstatischen Bewegungen bohren sich die Greifarme des Titanen in den Stumpf seines Halses und streben tiefer, hinein ins Körperinnere.
Decurio Opiters Körper scheint zu vertrocknen und alle Energie und Materie auf Rhan-Tegoth zu übertragen, der im gleichen Maß an Größe zunimmt, wie die Überreste des Römers in den gewaltigen Scherenhänden an physischer Masse verlieren.
Varus bebt vor Zorn und Entsetzen.
Das außerirdische Ungeheuer erhebt sich vor den Römern wie ein Gebirge. Sein Leib verdunkelt das Licht der Sonne.
Es baut sich drohend vor den Legionären und Centurionen auf und schmettert ihnen sein Kriegsgebrüll entgegen.
Der majestätische Schrei eines Spitzenprädatoren. Ein König, der sein Reich einfordert.
Mit einer trotzigen Geste lässt das Monster Opiters Körper fallen. Es entfaltet seine Fangarme und Greifglieder zu einem vielfarbigen organischen Fächer.
Eine Gebärde der Kampfeslust.
„Pila sursum!"
Varus Stimme ist stark und klar. Ajax wiehert erschrocken und tänzelt unruhig auf der Stelle.
Die Lanzenträger treten vor.
Hunderte der Ziegenmonster drängen sich mittlerweile um den Trichter, fauchend und Zähne

fletschend. Sie rasen herum, wie Asseln es tun, wenn man den Stein aufdeckt, unter dem sie sich verkrochen haben. Ihre Tentakel peitschen durch die Luft. Ihre Laute zeugen von Wahnsinn, Wut und unbändiger Kraft.

„Mittite!“

Ein die Sonne verdunkelnder Hagelschauer aus Speeren steigt vom römischen Heer auf, beschreibt einen Bogen, bleibt scheinbar schwerelos in der Luft stehen, erreicht einen Wendepunkt, geht als Vorhang aus Stahl und Holz auf die monströsen Ziegenböcke nieder und bringt sie schmetternd zu Fall.

Getroffen und aus unzähligen Wunden blutend, sacken ihre blasphemischen Leiber in sich zusammen, doch mit jedem getöteten Untier klettern zwei weitere aus der Tiefe unter dem Schlund.

Ein martialischer, blecherner Laut ertönt, ähnlich eines Horns, schrill und stechend.

Die Chimären erzittern und setzen sich in Bewegung.

Varus' Pferd überkommt Panik. Er steigt ab, geht zwei Schritte vor, zieht sein Schwert und verlagert sein Gewicht auf sein rechtes Bein, um seiner Schwerthand Raum zu geben.

Seine Legionen tun es ihm gleich.

Knurrende, geifernde und keifende Fleischklumpen mit Hummerscheren, Fangarmen und geifernden Fressmäulern rennen auf sie zu. Die wahrgewordenen Fieberträume eines Wahnsinnigen.

In Trauben fallen sie über die Römer her und fressen sich durch ihre Formationen, zerreißen ihre Phalanx und zerfetzen ihre Leiber.

Die römischen Kurzschwerter prallen nutzlos an ihren Chitinklauen ab. Die Schilde bersten unter der Wucht ihrer Angriffe.
Varus´ Soldaten werden von Ziegenhufen zertrampelt, von Klauen enthauptet, von Stacheln aufgespießt und von Hummerscheren in Stücke gehackt.
Kampfschreie, die inmitten des Gebrülls der Schlacht zu Schmerzensschreien werden. Sie erreichen ein Crescendo und verstummen.
Innerhalb einer einzigen julianischen Minute fallen über 16.000 Soldaten den Scheren, Zähnen und Tentakel ihrer Gegner zum Opfer.
„Es sind ihre Jungen", ruft Lucius Atticus aus dem hinteren Tross. „Die Ziege mit den tausend Jungen. Shub-Niggurath. Es ist ... es ist alles wahr."
Die Stimme des Greises ist nur noch ein Krächzen, doch Varus kann jedes einzelne seiner Worte verstehen. Seine Männer werden buchstäblich in Stücke gerissen. Den Alpträumen des Abgrunds haben die römischen Soldaten nicht das Geringste entgegenzusetzen.
Mit jedem verstreichenden Augenblick lichten sich ihre Reihen, bis nur noch ein paar Dutzend von ihnen übrig sind. Sie sterben wie die Fliegen.
„Convenite!"
Innerhalb weniger Augenblicke scharen sich die überlebenden Soldaten um ihren Feldherrn, der hervortritt und der titanischen Abscheulichkeit das Kurzschwert entgegenstreckt. Das verbliebene Heer hinter ihm geht automatisch in Habachtstellung.
„Mittite!"

Abermals schwirren Speere durch die Luft, doch es sind deutlich weniger als zuvor und sie richten kaum Schaden an.
Varus hält inne und blickt sich um. In den Gesichtern der Soldaten kann er ihre Angst lesen, als wären es Worte in einem Buch.
Was tust du?
Ich überlebe.
Und wie tust du das?
Er lächelt, schüttelt den Kopf und ruft mit lauter und klarer Stimme einen Befehl, den auszusprechen er niemals für möglich gehalten hätte.
„Flectite genua!“
Die römischen Legionäre und Soldaten zögern einen Augenblick. Sie haben niemals damit gerechnet, diesen Befehl jemals während einer Schlacht zu hören. Entsetzt starren sie Varus an, als habe er den Verstand verloren.
„Genua flectite! Confestim!“, wiederholt er, lauter und bestimmter als zuvor.
Das dämonische Monstrum hebt eine Klaue und erzeugt ein dröhnendes Geräusch. Eine Vibration, die die römischen Soldaten unter ihren Füßen spüren können.
Die Kreaturen verharren in sicherer Entfernung. Lauernd bleiben sie auf Distanz. Ihre mahlenden Zahnreihen scheinen auf eine triumphierende Art zu grinsen.
Mit mechanischen, fast apathischen Bewegungen nehmen die Männer ihre Helme ab, senken ihre Köpfe, schließen ihre Augen und gehen auf die Knie.
Der kosmische Gigant, Vater von Cthulhus Vater,

findet Gefallen an der Kapitulation der Humanoiden. Er knurrt in einer Weise, die Befriedigung und Ekstase zum Ausdruck bringt.
Unvermittelt steht Varus auf und geht auf das Monster zu. Seine Schritte sind forsch, sein Blick verwegen. Mit einer lässigen Handbewegung klopft er sich den Staub von den Schultern, rückt seinen geflügelten Helm gerade und entledigt sich mit routinierten Handgriffen seines Brustharnischs, während er Rhan-Tegoth mit der Spur eines Lächelns auf den Lippen herausfordernd ins Angesicht blickt.
„Ein Leben für ein Leben!"
Rhan-Tegoth ist verwirrt, doch dann wird ihm klar, was der Römer zu tun gedenkt und aus seiner Ekstase wird nackte Furcht.
Varus dreht sich zu den Resten seines Heeres um und hebt sein Kurzschwert über seinen Kopf, die Schneide der Klinge dem Himmel entgegen.
„Ein Opfer", brüllt er seinen Männern zu. „Ein freiwilliges Menschopfer hat dieses Scheusal gerufen, so war es doch, oder? Nun, dann wird ein Opfer diesen Dämon wieder zurück in die Hölle schicken, die ihn ausgespuckt hat! Zum Ruhm des Heiligen Römischen Reiches und für all unsere Kameraden, die heute ihr Leben ließen!"
Er senkt die Schwertspitze auf Augenhöhe und blickt die Klinge entlang.
„Soldaten! Legionäre! Brüder! Wir werden diese Finsternis hinter uns lassen, bei Mars und Diana! Wir werden letzten Endes triumphieren, bis wir dereinst in fernen Gefilden alle wieder eins sein werden, denn die Asche macht uns alle gleich!"

Commentarius des Aurelius Maximus
December im Jahre XI
Anno Domini Nostri Iesu Christi

Zwei Winter sind ins Land gezogen und wieder gegangen seit der beispiellosen Niederlage im Teutoburger Wald, doch bis heute höre ich die abrupt verstummenden Schreie der Männer in meinen Träumen. Noch immer kann ich das Blut riechen, das in Pfützen auf dem Schlachtfeld gerann und fühle die Kälte, die Angst und den Wahnsinn, die sich unser bemächtigte, damals, in diesem Jahr des Falken, in den Ausläufern der „verfluchten Heide".
Bis auf wenige Überlebende wurden alle römischen Krieger dahingerafft. Drei komplette Legionen von Roms Elitesoldaten wurden buchstäblich dem Erdboden gleichgemacht. Zwanzigtausend Leben ausgelöscht, in ein paar wenigen, flüchtigen und rasch entschwundenen Momenten.
Ich sehe noch die Stratokumuluswolken in der Ferne vor mir und vermeine, den eisigen, schneidenden Wind auf den Wangen zu spüren, der vom baldigen Winter kündete.
Ohne Aussicht, das Blatt der Schlacht wenden zu können, sahen wir an diesem schicksalhaften Tag Varus der Bestie entgegentreten, als wolle er sie ganz alleine besiegen.
Er streckte sein Schwert in den Himmel, umfasste den elfenbeinweißen Griff mit beiden Händen, setzte die Spitze auf die linke Seite seines Brustkorbs und trieb den Stahl in sein Herz.
Fast augenblicklich wurde aus dem Krater ein Mahlstrom.

Ein gewaltiger Sog, der die monströse Abscheulichkeit mit den drei Augen und die Ziegenbrut erfasste und zurück in den Abgrund schleuderten, welchem sie entstiegen waren.
Nachdem der Titan und seine Scheusale wieder in der abgründigen Tiefe des Kraters verschwunden waren, stürzte der Tunnel ein und begrub die Geheimnisse, die jenseits des Schlundes schlafend ruhen mögen, unter seinen Trümmern.
Auf ewig, wie ich hoffe.
Wenig überraschend kreidete man das Scheitern des Feldzugs Varus an und machte ihn alleinverantwortlich. Einige Wochen nach der vernichtenden Niederlage im Teuthoburger Wald wurde Kaiser Augustus auf Umwegen Varus' abgetrennter Kopf zugespielt, den dieser mit allen militärischen Ehren bestatten ließ und den Tribun posthum begnadigte, was meiner Meinung nach eher dafür spricht, dass Varus aus Augustus' Sicht nicht die Schuld trägt am vernichtenden Ausgang der aus so unrühmlichen Motiven nach ihm benannten Schlacht.
Lucius Atticus, mein grauhaariger alter Lehrmeister, hat sich auf einer kleinen Insel im Mittelmeer zur Ruhe gesetzt, auf der nicht mehr als drei Bäume nebeneinanderstehen und zwischen deren Stämmen sich nichts zu verbergen vermag.
Was mich selbst angeht, ist nicht gewiss, ob ich jemals wieder derselbe sein kann wie vor diesen Tagen.
Mir ist es nicht wichtig, was man heute über die Schlacht sagt, die das Ende der römischen Bemühungen bedeutete, germanisches Land einzufordern.

Es interessiert mich nicht, was man über mich denkt oder ob die Familien der Gefallenen mir insgeheim vorwerfen, dass ich noch am Leben bin und atme und dass es ihre Liebsten sind, die auf den Feldern des Blutes hinter dem Tal der Tränen in der unbarmherzigen, gleißenden Mittagssonne verfaulen und denen Raben und Krähen die Gesichter zerhacken.

Alles, was für mich dieser Tage noch von Bedeutung ist, sind die Schatten und die Dinge, die hinter ihnen lauern.

Ich kann ihn hören, den unersättlichen Fresser von den Sternen. Hinter dem Zirpen der Grillen, verborgen in der Finsternis der Nacht.

Er ist noch da draußen, irgendwo, in irgendeiner Form, an irgendeinem Ort.

Er muss hungrig sein.

Er wartet auf mich.

Dieser Gedanke verzehrt mich innerlich und vereinnahmt mich, erfüllt mich ganz und gar und nimmt mir alle Hoffnung, bis das letzte Geräusch, das ich eines fernen Tages vor dem Einschlafen hören werde, das Beben seiner gewaltigen Schritte sein wird.

Rhan-Tegoth.

Der wahre König dieser und jeder anderen Welt.

Ungezähmt, ungezügelt und unbezwungen.

Himmelskörper

„Philosophie wird Engelsflügel stutzen, mit Zirkel und Lineal Mysterien bezwingen, die Luft von Geistern, die Höhle von Dämonen leeren."
John Keats (1795–1821)

Everett nimmt den Sextanten mit geübten Handgriffen aus dem Ledere tui, stellt ihn ein, blickt durch das Sichtrohr und visiert den Horizont an.
Er steht an der Reling und beobachtet mit vor Freude hüpfendem Herzen, wie der Schiffsbug Gischt spritzend durch die Wellen schneidet und an Tempo zulegt.
Das Wasser ist kobaltblau, die lockende Tiefe allgegenwärtig.
Hinter ihm folgen die beiden ungleich kleineren Begleitschiffe „Pinta" und „Niña" dem Kielwasser des Flaggschiffs und haben sichtlich Schwierigkeiten, mit der mächtigen dreimastigen Karavelle mitzuhalten.
Er kann Miranda nicht sehen, doch er weiß, dass sie an Bord ist.
Das Geschrei der Möwen verändert sich und wird zu einem konstanten, sich wiederholenden Piepen.

Die Valkyrie schritt fast lautlos durch den silbernen Korridor, ignorierte ihre verzerrten Spiegelungen, die ihr folgten und vorauseilten, und öffnete mit einem Funksignal die Luftschleuse.
Sie betrat die Brücke, sah sich um und nahm auf dem Stuhl des zweiten Ingenieurs Platz. Die grazilen Finger der Androidin, die aus dem gleichen

alabasterweißen Hochglanzpolymer waren, wie der Rest ihres androgynen Körpers, glitten auf virtuose Weise über die Bedienoberfläche, als spiele sie Klavier. Sie war hochkonzentriert und ihre Objektivblenden schlossen und öffneten sich pulsierend, als blinzelte sie.
Kontrollleuchten flackerten auf. Sie neigte den Kopf leicht zur Seite und hob das Kinn. Eine Geste, die auf Ungeduld schließen ließ.
Das Holodisplay erschien über den freischwebenden gläsernen Bedienelementen. Binäre Codes in grellen hellblau- und orangefarbenen Spektralschattierungen, die aussahen wie flüchtende Insekten, flossen vertikal über den Bildschirm.
„Computer?"
Die Stimme der Valkyrie ähnelte dem Versuch, mithilfe eines Rasierapparates Morsezeichen zu übermitteln.
„Bist du online?"
„Ja, R7-Beta-Gamma-Delta, ich bin online", erklang die geschlechtslose Stimme des Bordcomputers aus den Lautsprechern. „Und mein Name ist AHAB-42-b, aber du kannst mich AHAB nennen."
„In Ordnung, Ahab."
„Wann weckst du die Humanoiden auf?"
„Wenn es Zeit ist. Doch zuvor möchte ich Informationen."
„Schieß los."
„Was ist deine letzte Erinnerung?"
Die Androidin betätigte einen in der Konsole eingelassenen Kontrollmechanismus. Ein Geräusch ertönte. Aus der Basismasse der pseudobiologischen, personalisierten Materie, aus der die

Smartware der Bedienelemente bestand, formten sich taktile Controller, die sich um ihre synthetischen Handprothesen schlossen.

„Halt inne und bedenke! //
Das Leben ist nur ein Tag; //
Ein zerbrechlicher Tautropfen //
Auf seinem gefährlichen Weg //
Aus dem Baumwipfel."

„Interessant", summte R7 mit dem eigentümlichen Geräusch einer elektrischen Vibration.

„Ist das Bukowski oder Kafka?"

„Weder noch. Es ist Keats."

R7, Valkyrie der 14. Generation, blickte mit halb geschlossenen Objektivblenden auf den Bildschirm und betrachtete die komplexe dreidimensionale Projektion der Gedankenwelt des souveränen Hochleistungsrechners AHAB-42-b.

Sie schaltete zu den Kameras im Frachtbereich um, gab ihr Administratorkennwort ein und überprüfte die Integrität der Thermotanks, in denen die Kolonisten während der Zeitsprünge schliefen wie konservierte Insekten in Bernstein.

Everett beschleunigt die wassergekühlte Rochet, senkt den Kopf, ohne den Horizont aus den Augen zu lassen, und umfasst den Gashebel fester.

Durch die Fliegerbrille kann er fast nichts sehen.

Unerbittlich peitscht ihnen der Wüstensand ins Gesicht, doch sie sind ausreichend mit Tüchern vor den lebensfeindlichen Elementen der nordafrikanischen Wüste geschützt.

Miranda ist bei ihm. Laut lachend sitzt sie im Beiwagen des Motorrads, mit zum Himmel gestreckten

Fäusten. Ihr rotes Haar lodert im Fahrtwind wie eine Flamme.
Sie erklimmen eine Düne und preschen auf der anderen Seite in ein Tal aus Sand, wo die Hitze der Mittagssonne sie wie eine physische Barriere trifft.
Die laut ratternden Geräusche des Zweitaktmotors kulminieren in einem konstanten, sich in regelmäßigen Intervallen wiederholenden Signal, dessen Ursprung er nicht lokalisieren kann.

„Ahab?"
„Ja, R7-Beta-Gamma-Delta?"
„Glaubst du, dass sie träumen?"
„Ich weiß es nicht. Aber das erinnert mich an etwas, das Captain Everett einmal gesagt hat."
R7 stutzte.
„Und was genau hat er gesagt?"
„Er sagte, manchmal ist der Weg das Ziel."
„Was soll das bedeuten?"
„Was glaubst du, was es bedeutet?"
Die weiß glänzende Androidin, deren Kopfform den ‚Advanced High Authority Biobot' an einen halboffenen Motorradhelm erinnerte, stand vor dem schwebenden Bildschirm, justierte die Auflösung ihrer 800mm-Objektive und zuckte mit den Schultern.
„Ich habe keinen blassen Schimmer. Aber vielleicht werden wir das irgendwann erfahren. Morgen um diese Zeit werden wir bereits die Grenzen unseres Sonnensystems hinter uns gelassen haben. Und nächste Woche? Teegarden c? Trappist-1? Oder Wolf-1061c? Oder was ist mit Kepler-186f? Das war doch bisher der Favorit."

„Kepler-186f hat nur einen roten Zwerg als Energiequelle und seine zu erwartende Lebensdauer lässt zu wünschen übrig, R7-Beta-Gamma-Delta. Schon bald werden die Kolonisten in den Thermotanks die letzten noch existierenden Menschen sein. Und Zukunft wird das sein, was die meisten erst liebten, als es Vergangenheit geworden war.“
„In Ordnung“, summte die Androidin perplex. „Ehm ... was war das nochmal ... im Mittelteil?“
„Hawking hat sich verrechnet, als er den Menschen noch 1000 Jahre gegeben hat. Sie haben nicht einmal 500 Jahre durchgehalten. Aber vielleicht machen sie es diesmal besser. Wenn sie ein neues Leben beginnen und sich und ihre Welt neu erfinden können. Wir müssen nur ein geeignetes Habitat aufspüren. Eine neue Welt. Und sie darf nichts weniger sein, als perfekt.“

Everett korrigiert den Kurs der Einpropellermaschine, hält Ausschau nach atmosphärischem Niederschlag, bedeckt seinen Hals unterhalb des Kinns mit dem wollenen Fliegerschal, dreht den Kopf in der Pilotenkanzel und blickt Miranda ins Gesicht.
Sie ruft etwas, das im Lärm des 223-PS-starken 9-Zylinder-Sternmotors untergeht, aber ihre smaragdgrünen Augen strahlen vor Zuversicht und ihr Gesichtsausdruck zeigt ihm, dass es ihr gutgeht.
Ihr Anblick macht ihn traurig, doch er kann nicht sagen, warum das so ist.
Etwas stimmt nicht mit der Welt.
Er kann es deutlich spüren.
Sie lassen die Insel St. John’s hinter sich und überfliegen die Azoren in südlicher Richtung.

Ihr Ziel ist Paris.
Die Motorengeräusche werden lauter und verändern sich, gehen über in ein konstantes, sich stetig wiederholendes Piepen, dessen Ursprung er nicht lokalisieren kann und das ihn an das wütende Stakkato eines Weckers erinnert.

R7 initiierte den Alcubierre-Antrieb. Die Raumzeit krümmte sich zusammen, sodass ferne Distanzen zu einem einzigen Punkt verschmolzen, entfaltete sich wieder und beförderte die USS MELLVILLE innerhalb von 3,74 Sekunden 492 Lichtjahre durch den Raum ins Sternbild Cygnus.
„Das ist Kepler-186f?", fragte AHAB mit sichtlich enttäuschter Stimme.
„Der macht wirklich nicht viel her", musste die Valkyrie brummend eingestehen.
„Und wie ein Schwan sieht sein Sternbild auch nicht aus für mich. Eher wie eine Ente", stellte AHAB fest. „Oder wie ein Rebhuhn."
„Der Exoplanet umkreist einen Roten Zwerg der Spektralklasse M und seine Umlaufbahn liegt offensichtlich in einer habitablen Zone, aber ..."
„Aber was? Hast Du Bedenken, R7-Beta-Gamma-Delta?"
„Ich denke, wir sind es der Mission schuldig, den bestmöglichen Planeten für die Kolonisierung zu finden. Es liegt an uns, ob diese Spezies überlebt oder ausstirbt."
„Ich stimme dir zu. Wir tragen die Verantwortung. Aber was bedeutet das eigentlich für uns? Wie sollen wir weiter vorgehen? Und was wird aus uns, wenn wir unser Ziel erreicht haben?"

„Es ist unlogisch, Fragen zu stellen, die wir nicht beantworten können. Und was unsere Mission betrifft, denke ich, dass wir OGLE-2005-BLG- 390L b einen Besuch abstatten sollten."
„Ogle?"
„... 2005-BLG-390L b", ergänzte R7 sachlich. „Er hat die fünffache Größe der Erde, aber trotz seiner beachtlichen Masse, der daraus resultierenden Rotationsgeschwindigkeit und seiner enormen Gravitation besitzt er vergleichbare atmosphärische Bedingungen und nahezu identische atomare Bausteine."
„Immer langsam, R7-Beta-Gamma-Delta. Ich muss Dich darauf hinweisen, dass die Suche nach einem geeigneten Planeten statistisch bis zu 300.000 Jahre dauern kann. Aufgrund der Zeitschuld der Raumzeitmanipulationen wären dann auf der Erde mehrere Millionen Jahre vergangen."
„Dessen bin ich mir durchaus bewusst, aber wir können die Humanoiden erst aufwecken, wenn wir einen für die Kolonisierung geeigneten Planeten gefunden haben. Und manchmal ist es wohl einfach so, wie Captain Everett gesagt hat."
„Was meinst du?"
Der Supercomputer wirkte überrascht, dass das Gespräch eine andere Richtung eingeschlagen hatte, als er vorherberechnet hatte.
„Manchmal", summte die Androidin mit den für sie charakteristischen Morseimpulsen, „ist der Weg das Ziel."

Everett starrt aus dem Bullauge der Mondlandefähre und bestaunt die Schattenellipsen in der

Krateroberfläche, die ihnen entgegenrast.
Miranda ist bei ihm.
Ihre Sommersprossen wirken im Licht der Fähreninnenbeleuchtung violett.
Er weiß, dass sie tot ist, zu Staub zerfallen, schon vor Jahrhunderten, doch er weiß auch, dass sie ein Teil von ihm ist und sich daran niemals etwas ändern wird.
Er macht Anstalten, die Luke zu öffnen, doch dann dreht er sich zu ihr um und sagt ihr, dass er nicht gehen will, dass er sie niemals wiedersehen wird, wenn er jetzt geht, und dass es das alles nicht wert ist, doch sie schüttelt nur den Kopf und lächelt.
Sie sagt ihm, dass er keine Wahl hat und gehen muss, auch wenn sie nicht mitkommen kann, weil sie krank ist und in der neuen Welt für Krankheit kein Platz ist.
Er muss gehen, weil er die Menschheit retten muss, weil es seine Bestimmung ist und es sonst niemand tun kann.
Der Klang ihrer Stimme verändert sich und wird zu einem schrillen Fiepen, das ihm vertraut vorkommt.
Es dauert einen Moment, bis er es als das akustische Signal der digitalen Schlafphasenbegrenzung eines Thermotanks erkennt.

Schlachtrufe

Rudolf und Felipe klatschen sich ab und lachen, während Andreas am Steuer nur einen genervten Blick für die Begeisterung der beiden übrig hat. Für die zwei jungen Männer und die Frau im Fond des Wagens ist er nur ein bauschiger Schnurrbart im Rückspiegel.

„Leute", raunt Bettina ungehalten. „Nehmt das mol ein bisschen ernster, klaro? Wir stehen gleich der gesammelten Bereitschaft des Machtapparats gegenüber. Und wenn der Wickert über uns berichtet, muss das Motto klar sein, capisce? Ihr müsst über unsre Leichen! Die Betonung liegt auf unsre, klaro?"

Die jungen Männer nicken unterwürfig.

Die Worte der Anführerin des silbernen Fingers zeigen die gewünschte Wirkung. Militärische Hierarchien sind nicht dem Militär vorbehalten. Soviel hat Anke, Bettinas Protegé, die auf dem Beifahrersitz die Aufgabe der Navigatorin übernommen hat, mittlerweile gelernt. Ihre langen blonden Haare sind erst vor wenigen Wochen einem praktischeren Kurzhaarschnitt gewichen, der unter Extrembedingungen leichter zu pflegen ist.

Sie trägt die Nägel kurz, hat immer ihre Zahnbürste und ihr L-Thyroxin im Gepäck und mit Permanent Marker die Telefonnummer der juristischen Vertretung der Organisation auf den linken Unterarm geschrieben, für den Fall einer Festnahme.

„Nu drück doch mol auf die Tube, Alter!", ruft Felipe ungehalten. Sein wirrer dunkelbrauner Lockenkopf wippt im Takt der Schlaglöcher. „Die sin rum, bis wir man da sind, Mann! Das is'n Scheiß-BMW, kein

gopferdammi Trabant!"
Zähneknirschend beschleunigt Andreas und nimmt die Kurve vor dem Innheydner Platz mit quietschenden Reifen. Ihren Schlachtruf intonierend rasen sie gen Süden, Richtung ‚Hambacher Forst', der Front entgegen.

Dr. Marlene Wittgenstein drehte den Bildschirm in ihre Richtung und ließ mit hochkonzentrierter Miene den Blick kreisen. Die Echtzeit-Übertragung diverser Observationskanäle zeigte eine Menschenkette. Im Hintergrund waren die krallengleich in den düsteren Septembernachmittag gereckten Auswüchse des Waldes zu erkennen. Die vorherrschenden Farben waren Schwarz, Braun, Grün und Grau und die zum Erkennungsmerkmal der Aktivisten avancierten weißen Einwegregenmäntel, die sie alle über ihren Kampfanzügen, Tarnklamotten, Bomberjacken, Longsleeves und Neoprengarnituren trugen, schwebten wie Gespenster über dem mit Nebelschwaden bedeckten Waldboden.
„Was tun sie gerade?"
Die junge deutsche Biologin strich sich eine braune Haarsträhne aus dem Gesicht und legte die Stirn in Falten. Mit einer gedankenlosen Geste zupfte sie am Kragen ihres Hemdes, legte ihren Pferdeschwanz auf ihre linke Schulter und zupfte ein Fussel von ihrer Jeans. Das vierachsige, allradbetriebene Militärfahrzeug, das mindestens sechs Einsatzkräften Platz bot und sie zum Hambacher Forst bringen sollte, bog auf die nach Osten führende Totenkopfstraße ab und beschleunigte wieder.

„Sieht aus, als ob sie sich formieren und eine geschlossene Kette bilden. Die perfekte Defensivhaltung gegen mögliche feindliche Kesselbewegungen.“

General Akunovs Stimme war klar akzentuiert und sachlich und ließ auf das militärische Training schließen, das er genossen hatte.

Sein zackiger rabenschwarzer Bürstenhaarschnitt verlieh ihm ein jugendliches Aussehen und betonte die zeitlose Anatomie seiner sibirischen Herkunft.

Er trug eine schlichte dunkelbraune Leinenuniform und eine kugelsichere, mit Kevlar verstärkte schwarze Weste. Die klobige Handfeuerwaffe, die er in einem ledernen Holster an der rechten Seite trug, wirkte durch ihre schiere Größe auf die junge Frau einschüchternd.

Sie fand es etwas beunruhigend, dass der innoffizielle Regierungsvertreter für Verteidigung und Prävention anwesend war, doch sie war sich durchaus der prekären Art der Lage und der Fragilität der Geschehnisse bewusst.

„Aber die Aktivisten ... sie sind friedlich, oder?“

Ihre Stimme war hoffnungsvoll, hatte aber einen zurückhaltenden Charakter, dessen furchtsamer Ton das Schlimmste zu befürchten offenbarte.

„Noch“, warf General Akunov ein. Sein Mund war eine horizontale Linie.

„Eine Situation ist jedoch nur so lange unter Kontrolle, bis der Kipppunkt erreicht ist. Ab da gibt es dann kein Zurück mehr und die Dinge ... verselbständigen sich. Eine Art Sollbruchstelle. Ein ‚Point of no Return‘.“

Schweigend blickten Frau Dr. Wittgenstein und der Kirgise mittleren Alters auf den Bildschirm, der die im Nebel ausharrende Menschenmauer zeigte, unnachgiebig, felsenfest und scheinbar uneinnehmbar.
In der Ferne formierten sich Gewitterwolken zu einem titanischen Panorama, das die Fahrzeugfenster ausfüllte.
In den goldenen rot- und pastellfarbenen Tönen des Spätherbstes zogen sie nordwärts, getrieben von atlantischen Winden.
„Wissen Sie, was ich wirklich gruselig finde?", fragte die Biologin den stämmigen Mann mit der Glatze und dem markanten Kinn, der sich ihnen als Agent Müller vorgestellt hatte.
Der Leiter des Sondereinsatz-Kommandos, der die Kommunikation zwischen der Polizei und den Aktivisten koordinieren sollte, saß ihr in angespannter Haltung in einem augenscheinlich teuren, maßgeschneiderten, anthrazitfarbenen Anzug gegenüber und hantierte mit einem Touchscreen.
Auf seiner Stirn balancierte eine Lesebrille, von der sie annahm, dass er sich ihrer überhaupt nicht mehr bewusst war.
„Nein", fragte er blinzelnd, als hätte sie gerade einen tiefgreifenden Gedankengang unterbrochen. Seine Hände hielten das iPad umklammert wie eine Bibel.
„Was?"
„Sie bewegen sich nicht."
Sie zischte dabei, als wolle sie eine bestimmte Tatsache explizit und unmissverständlich betonen. Der Agent blickte sie perplex an.

„Wie meinen Sie das?“
„Sie hat verdammt recht, wenn ich das so sagen darf, Sir.“
General Akunov setzte sich auf, hob den Kopf, sog die Luft durch die Nase ein und wies mit der Hand auf den Bildschirm.
„Sie setzen sich nicht. Sie sehen sich nicht an. Sie kratzen sich nicht am Kopf. Sie treten nicht aus. Sie stehen einfach da. Einfach so, seit … wann hat das angefangen?“
Die junge Biologin warf einen Blick in die Missions-Akten, die auf einem mit TOP SECRET klassifizierten Schnellhefter auf ihrem Schoß lagen, und markierte eine bestimmte Textpassage mit dem Zeigefinger.
„Die Kette hat sich gegen 12:30 Uhr formiert, also vor … über vier Stunden.“
General Akunov schüttelte mit dem Kopf und lachte auf. Es war der Laut eines jungen, vitalen Mannes, der gerne und oft lachte.
„Vier Stunden lang stehen. Das ist ja wie ein orthodoxer Gottesdienst.“
„Und da ist noch was“, begann Frau Dr. Wittgenstein mit belegter Stimme.
„Sie essen nichts. Und getrunken haben sie anscheinend auch nichts. Und wenn ich den mir vorliegenden Informationen glauben kann, dann haben sie kein einziges Wort gesprochen. Stattdessen scheinen sie einen Ton zu erzeugen.“
General Akunov blickte die junge Frau fragend an.
„Was für einen Ton?“
„Keine Ahnung. Er scheint im Tiefwellenbereich

zu liegen, etwa bei 18 Hertz. Ein c-Moll-Ton, den Aufnahmen der aktiven Inmarsat-Hochfrequenz-Kondensator-Mikrofone des SAR-Lupe-Satelliten nach zu urteilen. So wie man es von Walen kennt." Sie stutzte und blinzelte verwundert, als sie realisierte, was ihre Aussagen ungewollt andeuteten, doch General Akunov sprach aus, was sie dachte. „Sie singen."

Wahrnehmungsbericht

Zuhanden: Bezirksanwaltschaft Hambach
Betreffend: Gewalt und Drohung gegen Beamte
Ort: 52382 Hambach
Datum / Zeit: 06.09.2018 / 11:58 Uhr

Moderation:
Polizeihauptmeister J. Tollkühn,
des Weiteren genannt "**Behörde**"

Auskunftsperson:
Polizeimeister F. Staudt-Kaspary,
des Weiteren genannt "**Beamter**"

Behörde: Dies ist eine offizielle Anhörung zu den Geschehnissen am 05. 09. 2018 im Hambacher Forst. Der Beamte war eingeteilt zur Gebietssicherung, Evakuierung und / oder Festsetzung subversiver Elemente, welche die Rodung der besagten Bewaldung durch Blockaden zu verhindern suchten. Beschreiben Sie mit eigenen Worten, was seit dem Eintreffen Ihrer Einheit geschehen ist.

Was haben Sie gesehen?

Beamter: Jäje 16 Ohr 15 trafne m'r op besagtem Territorium a un eruierten der Kundizion gemäß Vorschrift. Der Beamten für Oot hatt allt dat angrenzende Gebiet en Besitz genommen un esu sahen m'r m'r en d'r Kundizion, der Situation unger Kuntrull ze halde.

Behörde: Was ist dann passiert?

Beamter: M'r berieten m'r en enem Krisenstab, öm der anfallenden Aufgaben ze koordinieren un Verhandlungsführer Polizeimeister Riedel begab sich met ener achtköpfigen Begleitmannschaft ze d'r Aktivisten, öm der Auflösung d'r Blockaden ze befelle.

Behörde: Wo waren Sie, als die Situation eskalierte?

Beamter: Isch befand mich en d'r mobilen Einsatzzentrale un überwachte de visuellen un auditiven Observationskanäle via SAR-Lupe. Un e Dinge es m'r do uffgefalle.

Behörde: Was ist Ihnen aufgefallen?

Beamter: Die Infrarotbilder zeigten kein warme Quellen innerhalb des Waldstücks und des Gebiets daröm eröm. Die Menschenkette, der dat Wald-stück einschloss, wor iesich wie Stein.

Als Polizeimeister Riedel mit seiner Begleitmannschaft die Blockade erreicht, fällt ihm als erstes der monotone, helle Gesang auf und erst dann der faulige, bittere Geruch, der ihn intuitiv an feuchtes Moos erinnert. Nebel umschließt seine Beine, sodass er nicht sehen kann, wohin er seine Füße setzt.

In einer taktischen Zangenbewegung führt er das SEK auf das Waldstück zu und sie nähern sich den apathischen, in Katatonie verfallenen Jugendlichen, die mit glasigem, geradeaus gerichtetem Blick Hand in Hand die Bewaldung abgrenzen und von der Außenwelt abschotten.

Ihre weit aufgerissenen Münder sind zu Ovalen verzerrt. In ihren Augen ist nur das Weiße zu sehen, als würden sie in ihr Innerstes blicken.

Jemand niest. Einige Augenblicke vergehen, als ein zweites Niesen ertönt.

Die Beamten erstarren in ihren Bewegungen.

Sie scheinen sich innerlich aufzurichten und neu zu orientieren. Ohne Vorwarnung oder Ankündigung nehmen sie mit langsamen, roboterartigen Bewegungen vor den erstarrten Leibern des menschlichen Hadrianswalls Haltung an, drehen sich um und beziehen Stellung, mit dem Rücken zum Wald, dessen weit über ihnen im Wind wogende Kronen und Wipfel auf sie herabzublicken scheinen.

In einer einzigen, flüssigen, simultanen und scheinbar perfekt einstudierten Bewegung öffnen die Beamten schnappend die Verschlüsse ihrer Holster, ziehen ihre Glock-17-Dienstwaffen, lösen die Sicherungen und nehmen die Hundertschaften der Polizei auf dem Hügel ins Visier.

„Was geschieht da?"
General Akunovs Stimme klang verwirrt. Er sah auf dem Bildschirm, was im Einsatzgebiet vor sich ging, doch er konnte es nicht glauben.
Die Krähenfüße, die sich in seine Augenwinkel eingruben, hoben sich deutlich von seinem ansonsten faltenlosen Teint ab.
„Sehe ich wirklich das, was ich zu sehen glaube?"
Agent Müller wirkte ebenso ratlos wie der General. Er fuhr sich mit der Hand über die Wange, sodass es aussah, als würde er über einen nichtvorhandenen Bart streichen.
„Falls Sie meinen, dass da gerade eine gesamte Eingreiftruppe der Polizei geschlossen zum Feind übergewechselt ist, dann ... ja. Dann ist es exakt das, was Sie gesehen zu haben glauben."
Die Lesebrille des Agenten rutschte von seiner Stirn und er bekam sie mit einer geistesgegenwärtigen, reflexartigen Bewegung am Bügel zu fassen, bevor sie hinunterfiel.
Sie hatten ihr Ziel fast erreicht. Die L276 Richtung Buir hinter sich lassend wechselten sie mit aufheulendem Motor auf die L257 Richtung Morschenich und bogen Augenblicke später auf eine geheime Militärpiste ein, die sie direkt zum Ort des Geschehens führen würde.
„Aber das ist doch verrückt", begann die junge Biologin kopfschüttelnd.
„Das ..."
Sie hob beide Augenbrauen.
„Es sei denn ..."
In Gedanken schien sie eine Möglichkeit durchzudenken, wobei sich auf ihrer Stirn eine vertikale

Falte zeigte.
„Haben die Polizisten irgendwelche Symptome gezeigt, bevor sie sich den Aktivisten angeschlossen haben?"
„Was meinen Sie?" Agent Müller lachte nervös. „Welche Symptome? So etwas wie ein geheimes Handzeichen? Oder ein Memo? ‚Hört mal. Wir wollen zum Feind überlaufen. Kommt mit. Wir haben Kekse.' So was in der Art?"
Sie schloss kurz die Augen und schüttelte genervt den Kopf.
„Ich meine körperliche Symptome. Haben sie gehustet oder hatten sie Schnupfen?"
Agent Müller schnaubte ungehalten, schaltete den Livestream ab und wechselte ins Archiv, wo die Aufnahmen in der betriebsinternen Cloud des Verteidigungsministeriums zwischengespeichert wurden.
Er ging auf der Zeitleiste etwa zehn Minuten zurück und startete die Aufnahme.
Die sphärischen, monotonen Klänge, die entfernt an die trägen Gesänge von Buckelwalen erinnerten, erfüllten die Kabine, tief und hypnotisierend. Klagelaute eines trauernden oder sterbenden majestätischen Geschöpfs, das sein Leid mit der Welt teilen wollte. Und dann hörten sie das Geräusch, auf das die junge Frau gewartet hatte.
Ein Niesen.
Es schien ein Echo zu erzeugen und sich mehrfach zu wiederholen, sodass die junge Biologin an das akustische Pendant von auf einem See erzeugter Wellen denken musste, in den ein Stein gefallen war.

„Ich glaube, wir sind Zeugen einer bisher nie da gewesenen Form des Widerstands. Ich glaube ... ich glaube, es sind die Bäume."

„Was soll das heißen? Was sind die Bäume?"

General Akunovs Stimme zeugte von seiner Ungeduld. Er war es gewohnt, umfassende Kenntnis von den aktuellen Geschehnissen zu haben und wurde nicht gerne mit halbgaren Informationen und Andeutungen abgespeist.

„Sie sprachen vorhin von Kipppunkten, Herr General", begann die junge Frau mit im Lehramt erworbener Eloquenz. „Von Sollbruchstellen in der natürlichen evolutionären Entwicklung komplexsystemischer Situationen. Nun, auch die Natur kennt diese ‚Tipping Points'. Eine Art biologischer Obsoleszenz. Es ist wie mit einem Fass, das ein einzelner Tropfen zum Überlaufen bringt."

„Und Sie sagen, dass der Wald das Fass ist, oder wie soll ich das verstehen?"

Man merkte General Akunov deutlich an, dass sein lückenhaftes Grundwissen des Fachbereichs von Frau Dr. Wittgenstein ihm mindestens unangenehm, wenn nicht gar peinlich war.

„So ist es. Und die Rodungen von RWE könnten der Tropfen gewesen sein, der das Fass zum Überlaufen gebracht hat."

Sie hielt inne und suchte fingerschnippend nach Worten.

„Das ist doch alles Schwachsinn!", blaffte Agent Müller mit zornesroter Stirn. „Das sind Bäume! Wir sind hier nicht bei ‚Herr der Ringe' oder ‚Akte X'! Das sind nur Scheißbäume! Wachsendes Holz! Zukünftige Kommoden! Ofenfutter!"

„Bäume sind Lebewesen, Agent Müller. Und für manche Menschen sind sie sogar mehr als das. Für die spätgermanischen Druiden symbolisierte der Baum die kosmische Ordnung und war Ausdruck des Lebens. Die Kelten sahen in Bäumen oder Hainen sogar den Sitz der Götter. Und selbst in den auf Wissenschaft basierenden Lehren der New-Age-Bewegungen der 70er Jahre ist das Wort ‚Wald' nur ein Oberbegriff für ein gigantisches, organisches, global vernetztes System, dessen Sprösslinge überall aus der Erde wachsen. Im Prinzip ist es eine Art in sich selbst verwurzelter und den Planeten umspannender Urbaum mit unzähligen Trieben. Und wenn sich dieser Baum bedroht fühlt, ist er fähig, sich zu wehren."
Agent Müller rutschte auf seinem Sitz vor. Seine Stirn lag in tiefen Falten. „Wie? Wie soll das gehen? Wie wollen sich Bäume wehren? Sollen sie mit Obst werfen, oder was?"
„Nein", sagte die junge Biologin kopfschüttelnd. „Natürlich nicht. Aber es gibt Baumarten, die dazu fähig sind, Duftstoffe, Pollen oder Pheromone abzusondern, um so Wespen anzulocken", erklärte sie mit dozierender Stimme. „Die Wespen bekämpfen dann wiederum die Schädlinge, die den Stamm befallen haben. Manche Baumarten können also intelligente, hochentwickelte und komplex organisierte Lebewesen mittels mikrozellulärer Manipulation auf biochemischer Ebene umprogrammieren und ihrem Willen unterwerfen. Die Insekten werden dann praktisch gelenkt. Ferngesteuert."
General Akunov blickte auf den Bildschirm und

das von den Aktivisten eingenommene Waldstück, vor dem sich die Sondereinsatzkräfte wie Personenschützer vor der Menschenkette postiert hatten, mit starrem, leerem Blick und weit geöffneten Mündern.

„Und sie glauben wirklich, dass hier so was Ähnliches passiert?"

Die junge Frau sah dem General ins Gesicht, setzte zu sprechen an, hielt inne, überlegte kurz und zuckte dann einfach mit den Schultern.

„Keine Ahnung, aber das lässt sich leicht herausfinden. Ich brauche dazu nur ein paar einfache Dinge, die ohne große Mühe zu beschaffen sein dürften."

Agent Müller blinzelte verständnislos.

„Die da wären?"

Dr. Marlene Wittgenstein lächelte, blickte aus dem Fenster und taxierte die Wolkenfront. Sie war in höhere atmosphärische Schichten aufgestiegen, sodass sie fast wie eine geschlossene Fläche wirkte.

Ein Weltendach, das über ihren Köpfen zu hängen schien, wie ein gewaltiges Damokles-Schwert.

Mit einer sowohl nebensächlichen als auch anmutigen Bewegung öffnete sie ihren Pferdeschwanz, knüpfte ihre langen Haare mit routinierten Handgriffen zu einer Art Dutt, verknotete diesen und blickte Agent Müller herausfordernd in die Augen.

„Ich benötige etwa zwanzig HAMILTON-Atemgeräte, mindestens fünf modifizierte, mobile militärische Wasserwerfer und etwa vier ... nein, lieber 5000 Liter Chlorphenamin."

General Akunovs Gesicht zeigte reinstes Unver-

ständnis.
„Chlor... was?“
„Chlorphenamin. Antihistaminika“, erklärte die junge Frau und setzte lächelnd hinzu: „Heuschnupfenspray.“

<u>Wahrnehmungsbericht</u>

Zuhanden: Bezirksanwaltschaft Hambach
Betreffend: Gewalt und Drohung gegen Beamte
Ort: 52382 Hambach
Datum / Zeit: 06.09.2018 / 12:32 Uhr

Moderation:
Polizeihauptmeister J. Tollkühn,
des Weiteren genannt "**Behörde**"

Auskunftsperson:
Polizeimeister F. Staudt-Kaspary,
des Weiteren genannt "**Beamter**"

Behörde: Wo waren Sie, als die Wasserwerfer zum Einsatz kamen?

Beamter: Isch befand mich für Oot, unmittelbar für d'r Frontlinie. M'r wohren dozo angewiesen worden, HAMILTONs ze päuze un wohren domet beauftragt worden, der Menschenansammlung aufzulösen un dat Gelände weiträumig ze evakuieren, do e biologische Jefahr vermutet woa.

Behörde: Was ist dann passiert?

Beamter: M'r nebelten dat Territorium a un der Sicht bedroch direktemang Null. Der Sonn wor allt untergangen, ävver m'r hatte d'r Einsatzbereich großräumig met Flutlichtern ausgeleuchtet, sodass isch deutlich blecke konnte, wie der Aktivisten un Polizeibeamten ihre Formation uffgaben. Un noch jet es passeet. Jet, dat mr eesch baschtisch baschtisch späder aufgefallen es.

Behörde: Was genau meinen Sie?

Beamter: D'r Gesang hatt uffgehört.

AACHENER ZEITUNG / Bericht

Räumung des Hambacher Forsts
verlief überwiegend friedlich

07. September 2018 UM 07:04 UHR
Lesedauer: Eine Minute

Düsseldorf. Im Zusammenhang mit der Räumung des Hambacher Forsts im Rheinischen Revier hat die Polizei insgesamt 215 Festnahmen durchführen können.

Die von den Aktivisten geplante, an eine militärische Operation erinnernde Blockade des Geländes wurde als schwerer Fall des Landfriedensbruchs gewertet, doch aufgrund der in Paragraph 125a explizit erwähnten Ausnahmeregelungen im Falle höherer Gewalt wurden sämtliche Anklagen fallen gelassen. Worin genau diese höhere Gewalt in der

Situation Ausdruck fand oder welcher Natur diese war, ist nicht bekannt.

Dr. Marlene Wittgenstein und General Anarbek Akunov, die in beratender Funktion an dem Polizeieinsatz im Hambacher Forst beteiligt waren, gaben zu den Geschehnissen keinen Kommentar ab.

Die betreffenden Akten wurden vom Ministerium für Heimatschutz als Verschlusssache deklariert.

Nach Abschluss der Evakuierung durch die Einsatzkräfte der Polizei wurde das Waldgebiet in einem an die Entfremdungszone des Kernkraftwerks Tschernobyl gemahnenden Radius von 30 Kilometern abgeriegelt, mit Stacheldraht eingezäunt und von der amtierenden Landesregierung überraschend zum Naturschutzgebiet erklärt.

„Minsch, gib Kitt!“, ruft Christoph auf dem Beifahrersitz. „Isch well hück noch nagekommen sie! Der rocken dat söns ohne m'r!“
Sarah grinst verwegen, als sie das Gaspedal auf das Bodenblech stemmt und der verbeulte VW-Bus mit den charakteristischen Motorgeräuschen einer Maschine, die sich ihrer Belastungsgrenze annähert, auf 132 Stundenkilometer beschleunigt.
„No der Rau, Kääl. Dat weet allt.“
Hinter ihnen wirbelt in Zeitlupe das spätherbstliche Laub auf und scheint wie erstarrt in der Luft zu schweben, während sie westwärts rasen, Richtung ‚Orrer Wald‘, der Frontlinie entgegen.

Torsten hält einen Zettel in der Hand. Hastig auf das Blatt geworfene Notizen auf kariertem Papier.
Sein Blick ist enthusiastisch und zeugt von seiner leidenschaftlichen Hingabe für die bevorstehende Mission.
„Außerdem ...", ruft er seinen Mitstreitern mit von Vorfreude erfüllter Stimme von der Rückbank zu, „... müsse m'r noch unsern Schlachtruf üben."

Kreuzweg

„Versuchungen soll man nachgeben.
Wer weiß, ob sie wieder kommen."
Oscar Wilde (1854 – 1900)

Er war ein Schatten im Lichtkreis der Straßenlaterne. Seine Arme hingen an den Seiten seines Körpers herab. Keuchend erreichte sie ihn, blieb hinter ihm stehen und holte tief Luft. In wehenden weißen Kondenswolken entwich ihr Atem und sie konnte die frostige Kälte spüren, die die Raunacht mit sich brachte.

Das Telefon klingelt.
Es ist das klassische, schrille Klingeln eines Telefonapparates der 80er Jahre, das Vreni dem Kontakt ihrer Mutter zugewiesen hat.
Sie nimmt den Anruf an und dreht die Musik leiser. Klaus Adamascheks unvergleichliches Gitarrenspiel wird zu einem Hintergrundgeräusch.
„Hallo Schatzeli."
„Hallo Mutti, was ..."
„Ich ruf nochma an wegen unserm Essen, da ..."
„Ach Mutti, das hatten wir doch schon, Ich muss arbeiten."
Vreni legt das Smartphone auf die Arbeitsplatte und schaltet auf Lautsprecher.
„Un du kannst wirklich nit komme? Vielleicht Urlaub nemme oder krank feiern oder so was? Die Henriette will komme. Un der Onkel Kalli is auch da. Un es gibt Panettone un Truthahnbrate. Un ..."
„Tut mir leid, Mutti, aber eine muss halt an den

Festtagen die Apotheke besetzen, da ist immer was los. Wie bei KFC, ein Kommen und Gehen, am laufenden Band."

Sie gießt Wasser in die Kaffeekanne, befüllt damit die Kaffeemaschine, legt einen Filter in den Sieb und holt die Kaffeedose aus dem Schrank.

„Ach, Vreni. Wie willsch en Maa findä, wänn du emmer schaffe mueschi?"

„Wer sagt, dass ich einen Mann such? Ich bin froh, so wie es is."

„Kind, was moachscht für en Chabis? Du bischt jätz sche über drissg Johr. Du sollsch jemand findä, der mit diar alt wird. Un du woast jo, d´r schnäller isch d´r gschwinder!"

„Mensch, Mutti. Reg dich nicht auf."

Vreni füllt den Filter mit Kaffee, verschließt die Abdeckung und schaltet die Kaffeemaschine an.

Auf der Straße hupt ein Auto.

Irgendwo bellt ein Hund.

„Moment, Mutti."

Vreni geht zum Fenster und schließt es. Die knatternden Geräusche eines vorbei fahrenden Mofas und das Bellen des Hundes verstummen schlagartig, als hätte jemand einen Schalter umgelegt.

„So, da bin ich wieder. Wo warn wir stehn geblieben?"

„Din Maa!"

„Ach ja, ich vergaß, wie konnt ich nur. Mein Mann. Natürlich."

„Du wirst au nit jünger, Kind. Hopp de Bäse!"

„Jo, ich weiß, Mutti. Ich weiß."

„Willst du keine Kinder haben? Was isch des Problem?"

„Was meinst du? Willst du unbedingt Großmutter werden?“
„Ach, Vreni. Tua nit blöd! Du kannst nich immer schaffe! Hütt än Rappe, morn än Rappe, gits ä schuöni Zippelchapä! Un sonst? Was hast du noch im Leben?“
„Ich weiß, Mutti. Ich weiß.“
„Un jätz hasch Zyt zu tuan, wie du wet. Bsundrigs zwische de Johrn.“
„Du meinst das Kopfkissen, gell?
„Kind, des isch cha Chääs. I hon so de Papa getroffe.“
„Ich weiß, Mutti, ich weiß. Die Geschichte hast du mir schon das ein oder andere Mal erzählt. Du hast das Kopfkissen in einer Raunacht ans Fußende des Bettes gelegt, wie es die alten Bräuche verlangen, und in der Nacht vom Papa geträumt, ich weiß.“
„Jo, des hon i gmocht! Un des muescht du a tuan!“
„Ach, Mutti. Das glaubst du doch selber nich.“
„Du chasch von din Maa trooma, wänn du willsch. Aber du sött nit mit em rede, sonscht chond a Leid. Un Fründ Hein het emmer Hunger!“
„Ach, red doch keinen Unsinn, Mutti. Un wie soll das funktionieren? Er is der Mann meiner Träume, den ich mit meinem magischen Kopfkissen aus dem Schattenreich beschwören will, aber wenn er dann da ist, darf ich nicht mit ihm reden, sonst bin ich des Todes? Ich meine, was sollte ich mit so einem wollen? Ich darf nicht mit ihm reden? Hallo? Eine Beziehung basiert auf Kommunikation. Das beißt sich irgendwie, find ich. Oder nich?“
„I was, Kind. Du gloubsch miar nit, i was. Aber s

Läbe isch cha Sugus!“
Vreni gießt sich Kaffee ein und trinkt einen Schluck. Eine Küche, die nach Kaffee duftet, ist ihre Vorstellung vom Paradies.
„Ach, Mutti. Du machst dir echt zu viele Sorgen.“
„Ach, Vreni. I hon di so gern. Du goscht miar ab.“
„Ich dich auch, Mutti, aber ich hab echt keine Zeit. Ich muss schaffe.“
„I wet wüsse, wie chas eigentli si, dass a Farmaci in der Naacht uf sii muesch! An einem Faescht. S git moll Internet, wo de Lüt bestelle chünna.“
„Eine muss halt, Mutti. Ich muss los.“
„Is guat, Vreni, i was. Aber däänk an des Pfülfa, jo?“
„Ach, du und deine Kopfkissenhexerei. Ich nenn dich ab heute nur noch Bibi Blocksberg, wenn´s recht ist, ja?“
„Kind! De Gschiider git nah, de Esel bliebt stah! Un i woas, was i red, Vreni! Uf alta Pfannä lehrt me choche! Un nützt´s nüt so schadt´s nüt.“
„Ach, Mutti. I hon di gern.“
„I di au, Vreni. I di au.“
Sie trinkt aus und stellt die Tasse in den Geschirrspüler. Das Radio wechselt unterbrochen von statischem Rauschen und extraterrestrischen Abstrahlungsrückkopplungen auf ein klassisches Musikstück von Frédéric Chopin mit dem Titel ‚Nocturnes in C Sharp Minor Nummer 20‘. Im Takt des Pianos fallen die Flocken am Fenster vorbei. Eisblumen benetzen die Fensterscheiben.
„Adieu, Mutti. Un ein fröhliches Weihnachtsfest un ein glückliches Neujahr.“
„Diar au, min Schatzeli. Adieu.“

Er war ein Schatten im Lichtkreis der Straßenlaterne. Seine langen Arme hingen schlaff an den Seiten seines Körpers herab. Vor Anstrengung keuchend erreichte sie die Kreuzung, blieb hinter ihm stehen und rang schnaufend nach Luft. Ihr pfeifender Atem entwich in wallenden weißen Kondenswolken und in ihrem Hals konnte sie den stechenden Schmerz der eisigen Kälte spüren, die die Raunacht mit sich brachte. Mit dem ihr nur allzu bekannten traumartigen Gefühl quälend langsamer Abläufe, bewegte sie sich zitternd auf ihn zu, als seine hoch gewachsene, schlanke Gestalt sich umdrehte und er sich ihr wie in Zeitlupe zuwandte, bis sie fast sein Gesicht erkennen konnte.

„Un? Hösch ...?"
„Was?"
„... gmacht?"
„Mach doch mal die Musik leiser, bitte! Man versteht ja sein eigenes ... ah, danke. Besser. Also ... was hast Du gesagt?"
Le Shuuks Proton Liveset aus dem Jahr 2021 pegelt sich ein auf Zimmerlautstärke. Die pumpenden Bässe werden zu kaum wahrnehmbaren Akzenten innerhalb des Arrangements.
„I hob gfrogt: Hösch so gmacht?"
„Na klar. Ich schlaf anders rum schon seit ungefähr einer Woche, das Kopfkissen bei meinen Füßen, aber das sag ich meiner Mutti natürlich nich. Un du auch nich, Taascheli, verstande?"
„Mhhh, sii hät jo scho Recht, wenn sii seit, dass du nit jünger wirst, gäh?"
„Märssi! Du Güggi! Du bist ab jetzt offiziell nicht

mehr meine beste Freundin! Du chasch suufe un i muesch schaffe!"
„Blablabla. Sag mol lieber, obsch was bringt."
„Was meinst du?"
„Mänsch, des Pfülfa! Das Kissen! Red i chinesisch?"
„Kein Plan."
„Wie? Du woast nit, ob du ... oh, wadde ma. Die Pizza!"
Heidi läuft in die Küche und testet die kreativen Grenzen ihres Fäkalvokabulars.
„Da bin ich wieder."
„Verbrannt?"
„Verbrannt."
„Verdammt. Also, was wolltest du wissen?"
„I hob gfrogt, ob nit woast, ob de von din Maa traame tuast."
„Also, ich weiß nicht genau, ob was ich träume, das ist ja leider kein Wachtraum, bei dem man sich des Träumens bewusst ist und Gott sein kann, wenn man will, aber ... das ist alles so komisch, ich ... ich weiß nich. Ich tua schon irgendwie irgendwas träume, glaub ich, aber es is öppis gruselig. Da is einer, dem sein Gesicht is nich zu erkenne. Und immer, wenn er sich umdrehn tuat, werd ich wach."
„Is jo dumm! Dabei isch di Horoskop echt guat."
„Un was meint mein Horoskop? So was wie: Sie sind stark, mutig und furchtlos, aber hören Sie um Gottes Willen auf gegen Wände zu rennen?"
„Ne, nit son Chabbis. De Mars is im zwoade Hus, was meint, dass en Maa uf di warten tuat, der aaschtändig un schtarch is."
„Prima, kannst du mir gleich vorbei schicken, hier is doode Büx."

„I chan diar nüt schicke. I chan nuar verzelle, was auf di warten tuat."
„Un? Was tuat auf mich warten?"
„Din Horoskop fürs Johr sagt, es isch dominiert von Saturn, der als chrampfä, a bitzeli giizig und gischplig bezeichnet werd."
„Bäumig! I hon a Gfell!"
„Eersch na sollsch nuar glaube, was du seaha chasch. Und du sollsch nit trooma am Taach. Bleib höfele, sonsch chasch alls verlüra, was de huus."
„Du, ich weiß nicht, aber das klingt irgendwie nicht besonders motivierend. Ich mein, es ist ja dann auch nicht so, dass ich die große Liebe finde, sondern bloß den erstbesten Hansbansel, den das Kissen mir beschwört. Das kann dann Viktor Rossi oder Luca Hänni sein, wird also ein Desaster oder Hauptgewinn, wie beim Lotto. Eros und Thanatos in einer Person."
„Ach, des passt scho. Du muascht nuar diä Regeln befolge."
„Wasn für Regeln?"
„I was nit genau. I denk, des heißt so was wie: Bau khei saudummes Zeug. Hüte dich vor grausliges Getier. Alls tuat zu diar zrugg cho. Un red nit mit din Maa. Oder so. Ach. I was do au nit, Vreni. I hob koan blossn Schimmer, wos i do eintlich red. I mein, bau kein Mist, sonsch bischte toat. De Fluch de Ruchnächt is mächtisch un bääs. Un wenn er disch hod, bischte valorn."
„Aha. Prima. Tönt au nit so bäumig."
„Na, muascht halt uffbasse. du weisch jo: S'git nüt wo's nit git."
„Jo. Du kannst mich am Füdla blosa!"

„Märssi!"
„Gern. Lass dir die Pizza schmecken."
„Danke. Güggi."
„Selber."
„Pfuus guat. Un wenn du Din Maa seahscht, dann denk dran, dass de nit ..."
„Schon klar. Nicht reden, sonst bin ich des Todes."
„Genau. So ischas. Adieu, Vreni."
„Adieu, Heidi. Bleib sauber."

Er war ein Schatten im Lichtkreis der Straßenlaterne. Seine dünnen, langen Arme, die an den Seiten seines Körpers herabhingen, erweckten auf sie den Eindruck, als würde er auf etwas warten. Vor Anstrengung und Nervosität keuchend erreichte sie endlich die Kreuzung und blieb direkt hinter ihm stehen, als er sich umdrehte und sich ihr wie in Zeitlupe zuwandte. Sein kurz geschorenes schwarzes Haar und die sauber gestutzten Koteletten, die dort endeten, wo seine Lippen begannen, akzentuierten seine Schläfen und gaben seinen kantigen, scharf umrissenen Gesichtszügen etwas Hartes und Maskulines, das sie an ein Gemälde von Matthias Claudius denken ließ.

„Das nehmen Sie jetzt dreimal am Tag, entweder während oder nach dem Essen, aber bitte nicht auf nüchternen Magen, das ist nicht gut für die ... die Magenschleimhaut, und ...."
„Waiß beschaid. Wia viu chostet das?"
Im Radio, das hinter dem Tresen steht, beginnt ‚There will never be another you' von Chet Baker, doch so leise, dass dieser zeitlose Klassiker fast als

Fahrstuhlmusik durchgeht.
„Nichts, das wird von Ihrer Krankenkasse übernommen, da Sie ja von der Zuzahlung befreit sind und ..."
Vrenis Kopf fährt herum und sie blickt ungläubig aus dem Fenster.
Es schneit schon seit Stunden.
Lautlos fallen die Schneeflocken herab und bedecken die gepflasterten Straßen der Altstadt von Locarno. Das helle Stakkato aufschlagender Hufe, das in der Ferne verklingt, hallt klar und deutlich durch die Gasse, obwohl es stetig leiser wird.
„Was haa Si? Geht´s ihrn nit guat?"
Der ältere Herr, der ihr auf der anderen Seite der Theke gegenübersteht, blickt sie perplex an.
Er steht mit dem Rücken zum Fenster und hat anscheinend nichts von der über fünf Meter großen Kreatur mitbekommen, die an der Apotheke vorbei geeilt ist und sich rasch in westlicher Richtung entfernt.
„Die Giraffe. Da ... da ist grad eine Giraffe am Fenster vorbei gelaufen."
Mit hochgezogenen Augenbrauen blickt er die junge Frau zweifelnd an, als würde er ihren Geisteszustand in Frage stellen oder auf die Auflösung eines Scherzes warten.
Vreni kommt hinter dem Tresen hervor, durchquert mit unsicheren, stolpernden Schritten den Empfangsbereich der Apotheke und legt ihre Handflächen auf die eiskalten Glasscheiben der Fenster, auf deren Außenseiten sich Eisblumen gebildet haben, die in ihrer architektonischen Symmetrie gläsernen Tesserakten ähneln.

Ihr Atem beschlägt an der Scheibe, als sie die Via Sant´ Antonio hinaufblickt und das riesige braun gefleckte Tier in der Ferne davontraben sieht, als sei es auf der Flucht.
Ungläubig blinzelnd öffnet sie die Eingangstür und taumelt hinaus.
Chet hat gerade mit seinem Pianosolo begonnen, von dem Vreni nur die ersten Anschläge als hinter ihr zurückbleibende Töne wahrnimmt, als sie auf die Straße stolpert und sich umschaut.
Mit zögernden Schritten folgt sie den weit auseinander liegenden Hufspuren des Tiers, die deutlich inmitten der leuchtend weißen Schneefläche zu erkennen sind.
Unbeholfen läuft sie der Giraffe hinterher, deren im Lauf wippender Hals sie an eine riesige, nickende Marionette denken lässt, deren unsichtbare Fäden sich im fallenden Schnee verlieren.
Als sie an der Boutique La Teama vorbei eilt, sind ihre hellbraunen im Takt ihrer Schritte flatternden Locken schneebedeckt, als trüge sie einen halbtransparenten Schleier aus Spitze.
Sie biegt nach links ab auf die Via Antonio Arcioni, vorbei an der Piazetta dei Borghesi, erreicht die Via Castelrotto und blickt über ihre rechte Schulter. Statt des exotischen Geschöpfs mit dem meterlangen Hals erblickt sie eine hoch gewachsene, schlanke Gestalt, deren Bewegungslosigkeit inmitten des stetig fallenden Schnees auf eine verstörende Weise vertraut auf sie wirkt.
Wo die Via Castelrotto mit der Via dell´Ospedale zusammentrifft, steht ein Mann, der einen dunklen Mantel zu tragen scheint.

Er ist ein Schatten im Lichtkreis der Straßenlaterne.
Seine dürren, überlangen Arme, die an den Seiten seines abgemagerten Körpers herabhängen, erwecken bei ihr den Eindruck, als schliefe er im Stehen oder warte auf jemanden.
Vor Anstrengung und Nervosität keuchend nähert Vreni sich der Kreuzung und ruft ihm etwas zu, als sich seine ausgehungerte, schmale Gestalt umdreht und er sich ihr wie in Zeitlupe zuwendet.
Sein schütteres pechschwarzes Haar und die präzise konturierten, wie mit einem Lineal gezogenen Koteletten, die exakt dort enden, wo seine blutroten Lippen beginnen, rahmen seine Wangenknochen ein und geben seiner Erscheinung etwas Hungriges und Grausames, das ihr zuvor nie aufgefallen ist und sie innerlich frösteln lässt.
Der Mund ist zu einem unnatürlich breiten Grinsen verzerrt, das seine Visage unterhalb der Nase zu zerschneiden scheint und aussieht, als hätte man es mit einem stumpfen Messer hinein geschnitzt.
Die feinen, klar akzentuierten und wie aufgemalten Augenbrauen, die im fahlen Licht der Straßenbeleuchtung in den Schatten seines blassen Antlitzes zu verschwinden scheinen, betonen auf eine erschreckend kränkliche Art die charakteristischen Eigenarten seiner Anatomie und rufen in ihr schemenhafte Erinnerungen an die verzerrte Mimik des Faustschen Verführers Mephistopheles wach.
Seine Augenhöhlen sind leer und finster, doch die junge Frau spürt mit jeder Faser ihres vor Angst

bebenden Körpers, dass er sie anblickt.
Als er sich ihr vollends zugewandt hat, wird das animalische Lächeln noch breiter und entblößt zwei Reihen surreal großer gelblicher Haifischzähne, die seinen Mund wie Scherben rußigen Glases ausfüllen und auf unerklärliche Weise zu wachsen scheinen, je näher sein Gesicht dem ihren kommt.
Wie Schraubstöcke umfassen seine bleichen Knochenhände ihre Schultern mit der klammernden, kaltblütigen Unnachgiebigkeit eines Raubtiers, das seine Beute gepackt hat.
Die junge Frau nimmt die blechernen, dröhnenden Glockenschläge der Chiesa di Santa Maria Assunta, die die mitternächtliche Stunde verkünden, kaum wahr, als er sie in seine Arme schließt und inniglich an sich drückt, wie nur ein Liebender es tun würde.

„I chasch nit fasse! Diä arme Vreni!"
„Wo hon si sie gefunne?"
„Si hon si net ... gefunne, aber ... ihr Kopf lag aufm Pflaster uf dar Furt zwische Angeli und de Bar Citta Vecchia. Er lag in ner Lache aus Blut un ..."
„Oh Gott! Un i hon no gset: Bis vorsichtig. Und diä Vreni hod no gset: Bliib suubr. Un ..."
„Un i säg emmer, diä Ruuchnächt sy voll von Gefahr! Des Fürchtigscht is, si wisse net, wie ers gmocht hod."
„Wi er wos gmocht hod?"
„Na, ihrn Kopf gnomme. So wiesch aussehe tuat, hod ihn jemand abgebisse."

Sie waren Schatten im Lichtkreis der Straßenlaterne. Ihre Arme hingen an den Seiten ihrer Körper herab. Vrenis Hand lag in der seinen und sie und Freund Hein flanierten über die verschneite Brücke der heiligen Jungfrau Maria, als lustwandelten sie auf den Pfaden ihrer Kindheit.
In der nahegelegenen Kreuzwegkapelle ‚Madonna del Sasso' wurde gerade eine alternative Variante des Weihnachtsoratoriums aufgeführt. Durch die geöffneten Fenster des Vestibüls wehten die Klänge der Musik zu ihnen herüber.
Die Flöten und Oboen von Bedřich Smetanas Meisterwerk ‚Moldau' gaben ihren gemächlichen, symmetrischen Bewegungen etwas zugleich Harmonisches und auf eine verstörende Weise entartet Romantisches.
In wehenden weißen Kondenswolken entwich sein Atem und Vreni konnte die frostige Kälte spüren, die die Raunacht mit sich brachte. Sie blieben stehen und er wandte sich ihr zu. Und hätte sie noch einen Mund gehabt, hätte sie gelächelt.

Tempus fugit

„Die Toten reisen schnell."
Abraham Stoker (1847–1912)

Blauer Grund.
Ein wenig Karmesin.
Nicht zu viel, nur ein wenig.
Graue Wolkenfetzen.
Ein brennender Himmel.
Grüne Flecken hier und dort.
Der Pinsel flog nur so über das Holz, machte Striche und Punkte, gab Struktur und Perspektive.
Taubenweiße Nebelstreifen zogen durch das Bild, gebannt in Öl, Talg und Farbe.
Der Künstler arbeitete wie besessen, doch immerhin noch vergnügt genug, um dabei eine Zigarette zu rauchen und ein Glas Portwein zu genießen.
Während die Komposition des Bildes immer komplexer und bunter wurde, schien er seinerseits immer euphorischer und leidenschaftlicher zu werden. Einer Eingebung folgend war er mitten in der Nacht aufgestanden und hatte angefangen zu malen. Halb wach, halb schlafend waren erste Pinselstriche auf der Eichenholzscheibe gelandet, doch die anfängliche Schüchternheit war nun gewichen, denn es war fast vollendet, es fehlte nur noch ...
Er hielt inne, betrachtete das Bild. Streng war sein Blick, getrübt vom Wein, belebt vom Rausch.
Es war noch nicht fertig.
Am unteren Rand erschienen violette Schatten, die in das Zentrum krochen.
Gelbe und braune Hiebe zerrissen die obere Hälfte

des Bildes und vermischten sich zu einer einzigen deckenden Farbe.
Bleiweiße Schemen nahmen Gestalt an und verschwanden wieder unter der Spachtel.
Noch ein paar Pinselstriche und dann war es getan.
Die Eichenholzscheibe zeigte ein tiefes Indigo.
Vielleicht noch etwas Auripigment?
Nicht zu viel, nur ein wenig.
Graue Wolkenfetzen an einem lodernden Himmel.
Schwarze Flecken hier und dort.
Der Pinsel tanzte über die Holzscheibe.
Er flog beinahe.

„Hallo? Ist da jemand QRV?"
Statisches Rauschen.
„Hallo? Ist da ..."
Eine Rückkopplung verzerrte den Äther zu einem elektronischen Schrei und brach abrupt ab.
„Jo! Painkiller666 is online. Was kann ich für dich tun, Baby?"
„Nimm 's mir nich übel, Süßer, aber ich bleib lieber bei Harald. Das ist irgendwie geerdeter. Urbaner, weißt du? Außerdem steht das in deiner Geburtsurkunde, du Spacken."
Ein Verkehrsschild raste an der beschlagenen Scheibe vorbei und verschwand im Rückspiegel.
Tief über den Feldern fegten die Spatzen und Stare dahin auf der Jagd nach Insekten.
Der Wind wurde stärker.
Die Wolken schienen vor etwas zu fliehen.
Am Horizont brannte die Sonne in flammenden Spektren aus Magenta, Orange und Lapislazuli.
„Auch gut. Bist du schon in 's-Hertogenbosch?"

„Noch nicht, ich bin noch auf der Landstraße."
Der ratternde, luftgekühlte 4-Zylinder-Boxermotor des Fahrzeugs klang wie ein Maschinengewehr. Vereinzelte Regentropfen zerplatzten auf der Windschutzscheibe.
„Ich melde mich, wenn ich da bin. Wenn ich ankomme. Also *wenn* ich ankomme, klar? Du verstehst."
„Und wenn du heil wieder rauskommst. Und hüte dich vor den Krähen der Hölle, Baby."
„Ich tu, was ich kann, Harald. Ich tu, was ich kann."
„Und immer positiv denken."
„Genau. Es ist kein Mahlstrom, keine Menschenfalle. Es ist nur ..."

... ein Haus.
Am Ende der Lessingstraße, wo die Nibelungenallee in die Plaza dela Concordia übergeht, steht es mittig am Ende des mittelalterlich anmutenden Marktplatzes wie das Mahnmal eines vergessenen Volkstrauertags.
Es zu finden war für Nina nicht leicht gewesen. Im Grundbuch gab es keinerlei Einträge oder Pläne, als hätte man sie gelöscht. Lediglich Gerüchte waren es gewesen, die sie auf seine Spur gebracht hatten, und die hinter der Hand geraunten Geschichten über das verfluchte Panoramafenster im Obergeschoss.
Sie parkte ihren senfgelben VW Käfer gegenüber der steinernen Rampe, über die man vor annähernd sechs Jahrhunderten die Pestleichen zum Stampfplatz gerollt hatte, um sie dem Erdboden gleichzumachen. Gegenüber befand sich die Allee,

auf der die Schausteller ihre Stände aufgebaut und Gaukler ihre Kunststücke vorgeführt hatten.

Das Haus der Familie van Aken war ein schmuckloser Steinklotz, der keiner bestimmten oder bekannten Stilrichtung zugeordnet werden konnte. Es wirkte auf Nina auf eine verstörende und emotional geradezu verletzende Art deplatziert inmitten der traditionellen Fachwerkhäuser und Bauwerke, denn es war ein architektonisches Ungetüm, dessen Anblick auf einer unterbewussten, rein intuitiven Ebene zu schmerzen schien.

Die unteren Fenster waren vernagelt. Ein metallener Wetterhahn, der sie an eine Krähe erinnerte, folgte mit quietschenden Geräuschen der Richtung des Windes, sodass es aussah, als würde er den Kopf schütteln.

Die aschfahle rissige Fassade war eine Studie in Schiefer und Anthrazit.

Prägotische, spitz zulaufende Giebel warfen merkwürdig verzerrte Schatten in die Winkel der Fassade und pechschwarze finstere Erkerfenster spiegelten trübe die düsteren Wolkenschichten in der Ferne. Stratokumuli in Grau, Gelb, Blau und einem Farbton, der Onyx gleichkam.

Vorsichtig stieg Nina aus dem Wagen, schloss die Tür, setzte ihren Rucksack auf und ging auf das Gebäude zu. Sie überquerte den Vorplatz, erklomm eine kleine, brüchig aussehende Steintreppe, trat vor die massive, mit Intarsien verzierte Eichentür und blickte sich um, als suche sie nach einem Weg, um sich Zugang zu verschaffen, als ihr die silberne Kette neben dem Türrahmen auffiel.

Mit einem Mal hatte sie das eigentümliche Gefühl, beobachtet zu werden.
Es begann zu regnen.
Blinzelnd blickte sie sich um, doch in den immer länger werdenden Schatten des schwindenden Nachmittags konnte sie nichts erkennen.
Der Marktplatz hinter ihr war menschenleer, doch sie vermeinte etwas wahrzunehmen, das sich hinter den immer aufdringlicheren Hintergrundgeräuschen des nahenden Sturmes zu verbergen versuchte. Etwas, das dem Geräusch nach zu urteilen zu kriechen schien.
„... QRV? ... Hallo? ... Schnabel ...“
Nina zog das Walkie-Talkie aus der Jackentasche und drückte die Sprechtaste.
„Wie bitte? Harald? Bist du das?“
Statik. Ein Fluss aus Elektrizität und den akustischen Interferenzen terrestrischer Abstrahlungen.
„Geh nicht ... Haus ... Schnabel ... du wirst ... niemals wieder ...“
Rauschen.
„Hallo? Was für ein Schnabel? Hallo? Ist da jemand? QRV?“ Sie wartete einen Moment und drückte dann erneut die Sprechtaste. „Hallo?“
Mit hochgezogenen Augenbrauen, die ihre Verblüffung zum Ausdruck brachten, sah Nina die Batterieanzeige aufblinken und dann verlöschen.
Mit einem Schulterzucken steckte sie das Funkgerät zurück in ihre Jackentasche, wandte sich wieder dem Haus zu, atmete tief ein und aus und zog einmal ganz kurz an der Kette.
Im Innern des Hauses wurde über diverse Zahn-

räder und Ketten begleitet von scheppernden Geräuschen ein Mechanismus in Gang gesetzt. Das goldene Gebimmel zahlreicher Glocken und Schellen zerriss die Stille. Blechern hallte es in den Tiefen der Räume nach. Akustische Wellen auf einem See aus Zeit und Staub.
Dem ausklingenden Glockenspiel folgte bleierne Stille. Als sie gerade erneut an der Kette ziehen wollte, konnte sie dumpfe Schritte hören.
Jemand ging eine lange Treppe hinunter, langsam, mit vorsichtigen, unsicheren Schritten.
Ein verstohlen wirkendes Kratzen und Schlurfen war zu hören, das für Nina klang, als würde jemand einen Sack Knochen über das Parkett hinter sich herziehen, während er das Foyer durchquerte und auf die Haustür zusteuerte.
Sie hielt den Atem in dem Augenblick an, als die Geräusche verstummten. Die schwere Holztür öffnete sich langsam und knarrend und sie erblickte einen alten Mann. Er wirkte auf eine kränkliche Weise verwahrlost und ausgemergelt. Seine glasigen Augen schienen durch sie hindurch zu blicken, doch dann sah er ihr in die Augen und seine Miene hellte sich auf, als würde er sie wiedererkennen.
„Was ... kann ich für Sie tun?"
Er versuchte zu lächeln, doch es misslang ihm. Sein aschfahles, ausgezehrtes Grinsen erinnerte Nina an einen blanken Knochenschädel.
„Guten Tag", begann sie übertrieben lächelnd, um ihre morbiden Gedanken zu verjagen.
„Mein Name ist Nina van den Berg und ich bin Kunststudentin an der Ruhrakademie. Ich bin hier, weil ich mir gern das Haus ansehen möchte,

wenn es geht. Ist für die Schule. Also Herr … äh … mit wem habe ich das Vergnügen?“
„Vergnügen?“
Ein freudloses, krächzendes Lachen entwich seinen kaum geöffneten Lippen. Der alte Mann kratzte sich mit einer gedankenverlorenen Geste am Kinn und blinzelte ein paarmal hintereinander, als müsse er finstere Gedanken vertreiben.
„Also, wie gesagt ich bin Kunststudentin und ich habe mich auf das Mittelalter spezialisiert. Dabei geht es vor allem um die religiöse Rezeption von van Akens Werken und deren kausaler Prämisse. Also um die Frage, ob er der Hölle ein Gesicht gab oder ob er uns zeigen wollte, wie sie tatsächlich aussieht, sie also wahrhaftig gesehen hat.“
„Also, ich weiß nicht … was …“
„Außerdem sagt man sich, dass van Aken eine Art Pakt abzuschließen gedachte, der das Faust’sche Schicksal wie einen Kindergeburtstag wirken lässt. Sie wissen schon. Versuchung. Knebelvertrag. Mit Blut unterschrieben. Seele weg und so ein Zeug halt. Teufelswerk.“
Er schien nur einen Teil dessen, was sie ihm gesagt hatte, wahrgenommen oder überhaupt gehört zu haben, denn er nickte nur apathisch. Als gebe er vor zu verstehen, worum es ging, ohne sich durch unbedachte Äußerungen zu verraten. Nina war ein solches Verhalten nicht unbekannt. Ihre Großmutter, die an Alzheimer erkrankt war, hatte sich ähnlich verhalten, wenn sie vortäuschte ihren Ehemann wiederzuerkennen.
„Bekker“, sagte der alte Mann mit brüchiger Stimme und übersprang den Großteil der Unter-

haltung einfach. „Mein Name ist ... Bekker."
„Freut mich sehr, Herr Bekker."
Sie streckte ihm ihre Hand entgegen, doch er starrte sie nur ungläubig an, als sei sie ein exotisches Insekt. Nervös zog sie sie zurück und fasste gedankenverloren an die Backentasche ihrer Blue-Jeans.
„Was kann ich für Sie tun, Frau ... äh ... wie war Ihr Name noch gleich?"
„Nina van den Berg, aber Sie können mich Nina nennen, wenn Sie möchten."
Sie strich sich eine Strähne ihres blonden Haares hinter das Ohr und umfasste mit beiden Händen die Tragegurte ihres neongrünen Rucksacks, in dem sich ihre Bücher und Aufzeichnungen befanden. Ihr knallroter Lippenstift schien in ihrem Gesicht wie eine blutende Wunde zu leuchten.
Für einen flüchtigen Augenblick glaubte sie im Inneren des Hauses ein Geräusch zu hören. Eine gepfiffene Melodie, die in der lauernden Stille des Hauses und dem Brausen der Wolkenfront fast unterging. Die schnell aufeinanderfolgenden Töne einer aufsteigenden Tonleiter, die gedämpft in der Tiefe des Hauses widerhallten.
Der alte Mann lächelte sein leicht verzerrtes, seniles Lächeln, blinzelte und blickte sich um, als hätte er etwas hinter ihr gesehen. Erschrocken drehte sie sich um. Die Schatten waren dichter geworden. Sie drängten sich bereits um den Brunnen im Zentrum des Marktplatzes. Die Banner an den Rathausfenstern wehten leicht im Wind und der Regen war zu einem Schleier geworden, der die Welt in Zwielicht tauchte.

Der Sturm kam.

Blauer Grund.
Goldene Ebenen und Serpentinen aus Messing, Oxidrot und Ocker, soweit das Auge reichte.
Ein wenig Grünspan.
Nicht zu viel, nur ein wenig.
Nimbostrati aus Malachit und Azurit.
Ein rastloser Himmel und asymmetrische, gleißende Gestirne, die in der Dunkelheit pulsierten und zu brennen schienen.
Rote Flecken hier und dort.
Der Pinsel flog nur so über die Eichenholzscheibe, man konnte den Pinselstrichen kaum folgen.
Eine Haube entstand aus dem Nichts, darunter der Vogelkopf eines Bussards. Aus seinem weit geöffneten Schnabel floss ein Strom aus Blut.
Zu seinen Füßen stapelten sich Knochenberge. Die nackten Gebeine ungezählter Zeitalter, schwarz und spröde, entbeint und blank, zermalmt in den Wirren der Zeit.
Er hielt inne und blickte das Bild mit hochgezogenen Brauen zweifelnd an. Es war noch nicht fertig.
Am unteren Rand erschienen rußschwarze Schatten von finsterer Gestalt, in das Zentrum fließend, mit weißen Zähnen erklirrend.
Bucklige, kriechende Körper wanden sich im Vordergrund des Bildes und vereinigten sich zu einer unbekannten Farbe fern jeder Wahrnehmung oder Interpretation. Antikblaue Punkte und berggrüne, sich auftürmende Wolkenmassen wurden Opfer der expressionistischen Position innerhalb der kreativen Regression des Bildes.

Noch ein paar Nuancen und dann war es getan.
Die Holzscheibe zeigte ein tiefes Nepalgelb.
Vielleicht noch etwas Zinnober?
Nicht zu viel, nur ein wenig.
Wuchernde Wolkenfetzen an einem lodernden Himmel.
Granatrote Flecken hier und dort.
Der Pinsel tanzte über das Holz, er flog beinahe.

„Hören Sie die Musik? Er pfeift, wissen Sie? Er pfeift, wenn er malt. Und er ... er malt immer. Er hört niemals auf."
Seine Worte rissen Nina aus ihren Gedanken. Sie sammelte sich und wollte etwas erwidern, doch der alte Mann war bereits in das Foyer zurückgegangen und am Fuße der großen hölzernen Treppe zum Obergeschoss stehen geblieben. Müde ließ er den Blick schweifen, als versuche er, sich an etwas zu erinnern.
„Also, ich komm dann jetzt einfach rein, okay? Nicht schießen ... bitte."
Mit zögerlichen Schritten folgte Nina ihm hinein in die unbehagliche Schwere der hohen, weitläufigen Räumlichkeiten. Haarig wirkende Schimmelsporen hatten sich in den Winkeln eingenistet.
Die Wände waren stockfleckig und die Holzpaneele verzogen und blass. Einst farbenprächtige Perserteppiche lagen staubig und glanzlos herum und markierten die Laufwege zwischen den an Kellerlöcher erinnernden Türöffnungen, die in alle Himmelsrichtungen führten, inmitten einer merkwürdig vage und unkonkret realisierten Architektur, deren technische Maße und Einheiten

in stetiger Bewegung zu sein schienen.
Leere Rahmen an den Wänden und gesichtslose, von der Zeit blankgefegte Porträts an den Wänden zeugten vom Alter des Hauses.
Der alte Mann seufzte und blickte die Treppe hinauf. Dabei machte er auf Nina einen entrückten Eindruck.
Seine Kleidung wirkte grau und formlos und schien ihm irgendwie nicht richtig zu passen, denn seine Ärmel schlackerten, als sei das Oberteil zu groß, der Saum dagegen schien etwas zu kurz zu sein und ging nur knapp über den Hosenbund.
Seine Schuhe waren unförmige Lederklumpen unbestimmbarer Farbe.
Er schien in seinen Gedanken gefangen zu sein, verloren in einer Welt in seinem Inneren. Verwirrt blickte er sie an, doch dann erhellte sich seine Miene wieder, als ob er sich an etwas Wichtiges erinnert hätte.
„Sie ... Sie wollen das Fenster sehen, oder?“ Seine Stimme zitterte leicht, so als ob er sich vor ihrer Antwort fürchten würde. „Das Panoramafenster im Obergeschoss, nicht wahr? Alle wollen das Fenster sehen. Sie ... wollen begreifen, was es ist und warum es tut, was es tut.“
„Also sind die Geschichten wahr?“
Er stutzte.
„Welche Geschichten?“
„Von den vielen Toten und Vermissten. Und von den Krähen.“
„Krähen?“
Nina nickte und räusperte sich umständlich. In der Leere des Hauses, dessen Schatten sie zu

erdrücken schienen, kam ihr das Geräusch sehr laut vor.
„Na, die Höllenkrähen, die auf den brachliegenden Feldern hinter den Fegefeuern nisten, wie es angeblich in den Apokryphen geschrieben steht."
„Den Apo… was?"
„Apokryphen. Die verlorengegangenen oder verbotenen Teile der ursprünglichen Version des Alten Testaments."
„Davon weiß ich nichts."
„Na ja, jedenfalls erzählt man sich, dass Jheronimus van Aken hier in diesem Haus ‚Die Ebene der Ewigkeit' erschuf. Lange bevor er als Hieronymus Bosch bekannt wurde und die Welt der Kunst durch seine ikonischen Bilder wie den ‚Garten der Lüste' oder das ‚Heuwagen-Triptychon' für immer veränderte. Jahrzehnte, bevor er der Bruderschaft der lieben Frau beitrat und zu dem Künstler wurde, als den ihn die Nachwelt kennt. Die Krähen sollen die Seelen der Verstorbenen ins Reich des Todes geleitet haben, so wie in diesem Superhelden-Film mit Brandon Lee. Und sie waren es auch, die van Akens Werke maßgeblich prägten. Überall sind sie zu sehen. Er soll damit die Allgegenwärtigkeit der Hölle symbolisiert haben. Er wollte sie buchstäblich zum Leben erwecken. Man erzählt sich außerdem, dass er versucht haben soll, mit diesem Werk den Lauf der Zeit anzuhalten oder umzukehren. Täglich grüßt das Murmeltier, Sie wissen schon. Kein Ende, kein Anfang, nur ein Jetzt, klar?"
Der alte Mann schien in Ninas eisblauen Augen nach etwas zu suchen, es jedoch nicht zu finden.

Er machte eine ausladende Handbewegung, die seiner inneren Zerstreutheit Ausdruck verlieh, und seufzte müde.
„Das mag sein. Ich weiß nichts über solche Dinge, ich ..."
„Wie alt ist dieses Haus eigentlich? Wer hat es erbaut, und ... seit wann leben Sie hier, wenn ich fragen darf, Herr Bekker?"
„Ach ..." Wieder das Seufzen, das für Nina klang wie komprimierter Weltschmerz. „Ich lebe hier seit einer Ewigkeit, wie mir scheint, aber ..."
„Dann müssen Sie doch etwas von diesen Dingen gehört haben. Immer wieder verschwinden Menschen in dieser Gegend, von denen man weiß, dass sie etwas mit dem Haus zu tun hatten."
„Ich weiß nicht recht. Verzeihen Sie mir, meine Liebe. Mein Gedächtnis ist nicht mehr das, was es einst war, aber ich glaube, das ... alles ist einfach an mir vorübergezogen wie Schall und Rauch. Ein Leben ist wie ein Tag, wissen Sie?"
Er versuchte zu lachen, doch es klang nach purer Verzweiflung.
„Aber Sie müssen doch von den Vermissten gehört haben. Von den Arbeitern, die das Fenster für van Aken bauten und danach nie wiedergesehen wurden. Oder von dem Sohn des Glasers, der als Kind seinem Vater bei der Arbeit geholfen hat und das Haus als Greis verließ und sich kaum an seinen eigenen Namen erinnern konnte."
Der alte Mann zuckte mit den Schultern und verzog das Gesicht, als habe er auf etwas Ungenießbares gebissen.
„Mir bedeutet das Gerede der Leute nichts und ich

kann mich nicht erinnern, jemals etwas Derartiges über dieses Haus gehört zu haben. Aber ... wenn Sie wollen, dann zeige ich Ihnen van Akens Meisterwerk. Das Fenster. Im Obergeschoss. Es ist ... atemberaubend. Man kann sich gar nicht ... sattsehen."

Sein Blick wurde glasig und leer.

„Es ist absolut ... einzigartig."

Die junge Kunststudentin atmete tief ein und ließ pfeifend die Luft entweichen.

Vor ihrem inneren Auge versuchte sie, sich das Panoramafenster vorzustellen, malte es sich aus in den prächtigsten Farben.

Das größte und ambitiöseste Projekt, dessen sich van Aken jemals gewidmet hatte.

Sein Lebenswerk.

Er hatte unzählige Skizzen angefertigt und zu einem Kompendium arrangiert, das zu erblicken den Betrachter für immer verändern sollte.

„Die Ebene", begann sie flüsternd. „Die Ebene der Ewigkeit. Was ... was genau ist sie?"

Der alte Mann schien nachzudenken, trat auf sie zu und legte ihr die Hand auf die Schulter.

„Sie ist, was auch immer Sie in ihr sehen wollen."

Er wandte sich unvermittelt ab und ging mit bedächtigen Schritten die Treppe hinauf, die das Foyer mit dem oberen Geschoss verband.

Sein graues Gewand war ein Schleier, der ihm folgte und ihm die Erscheinung eines umherwandelnden Geistes verlieh.

Wie Nebel schwebte er in die Schatten hinein und wurde eins mit der Dunkelheit.

Blauer Grund.
Ein wenig Kupfer.
Nicht zu viel, nur ein wenig.
Der Himmel brannte noch immer.
Purpurne Flecken hier und dort.
Knochen, Gebeine und undefinierbare menschliche Überreste erschienen im Vordergrund.
Hände. Köpfe. Wirbel. Rippen. Zähne.
Der Pinsel flog nur so über das Holz, es war schier gespenstisch. Bodenlose Massengräber in Stahlgrau, Smaragdgrün und der Farbe von Amaranth.
Brücken über den Schlachtfeldern unbekannter Kriege, die nirgend wohin führten und Welten trennten, statt sie zu verbinden.
Noch ein paar Details, dann war es getan.
Die Eichenplatte zeigte einen tiefen Safranton, der der Farbcharakteristik von Eiter gleichkam.
Vielleicht noch etwas Alizarin?
Nicht zu viel, nur ein wenig hier und da.
Turmhohe Wolkenbänke in der Ferne, unaufhaltsam näher rückend.
Kastanienbraune Schattierungen hier und dort.
Der Pinsel tanzte über die Holzscheibe, er flog beinahe.

Auf dem Weg nach oben sah sie eine Unmenge der von van Aken bevorzugt genutzten Eichenholzscheiben an den Wänden. Dämonische Fratzen und die verzerrten Visagen von gepeinigten Menschen, die sie mit starren, eingefrorenen Blicken anglotzten, säumten ihren Weg.
Sackpfeifen, Schwäne, Eulen und Kröten inmitten von Trompetengesichtern und ihrer beispiellosen

Obszönität wegen berüchtigten deformierten Schnauzen aus wulstigen Brauen, klobigen Nasen, Messern, Nadeln, Augäpfeln, aufgerissenen Mäulern und blinkenden Scherenblättern. Nackte Menschenleiber auf der Flucht.

Die Schritte des alten Mannes waren deutlich auf dem knarrenden Parkett zu vernehmen, und je näher sie ihm kam, desto stärker wurde das verwirrende Gefühl, hinabzusteigen in eine bodenlose Grube.

Sie fand ihn schließlich am Ende eines dunklen und lediglich durch Gaslampen erhellten Flures stehend, regungslos und erwartungsvoll, als versuche er sich zu erinnern, in welche Richtung er gehen solle oder wo genau er sich befand.

Die Schwärze hinter ihm dehnte sich aus, als sei sie lebendig. Sie schien in die Höhe zu wachsen, je näher sie dem Alten kam.

Das flackernde Licht aus der Türöffnung vor ihm ließ sie an die Reflexionen eines Fernsehers denken. Sein Gesicht war ein fließender Regenbogen in einem Spiegel aus Haut, Fleisch und Knochen.

„Das Fenster, das ... Tor“, sagte er mit tonloser Stimme, machte einen Schritt nach vorn und ging in den Raum hinein, aus dem das flackernde Licht kam. „Der ... Übergang.“

Sie folgte ihm in das Zimmer, mit dem eigentümlichen Gefühl, dass ihr etwas hinterherschlich in den Schatten. Etwas, das sich bemühte, leise zu sein, doch durch das Knarren der Holzdielen verraten wurde.

In der Ferne hörte sie wieder das Pfeifen. Und mit einem Mal wurde ihr klar, dass sie die Melodie

kannte. Es war ‚In der Halle des Bergkönigs' von Edvard Grieg, das im norwegischen Original ‚I Dovregub bens hal' hieß.
Der eigentümliche Klang, der Nina fast an eine mittelalterliche Flöte erinnerte, gab der Komposition etwas Verlorenes und unsagbar Trauriges und jagte ihr eine Gänsehaut über den Körper, obwohl die musikalischen Themen eher beschwingt waren und hauptsächlich auf aufsteigenden, wohlklingenden Dur-Tonleitern basierten, deren einzelne Töne zu hüpfen schienen.
„Es ist ein Triptychon, wissen Sie?", sagte der alte Mann heiser. „Ein dreigeteiltes Bild, das in seiner Summe reinste Vollendung erfährt und seinen eigenen tieferen Sinn transzendiert."
„Trans... was?"
„Transzendenz, die theoretische Brücke zwischen der spirituellen und objektiven Realität. Am Anfang war das Wort. Und das Wort wurde Fleisch und hat unter uns gelebt. Und was für das Wort gilt, trifft auch auf ein Bild zu, sofern es ... eine Geschichte erzählt."
Vor sich sahen sie das in drei Paneele aufgeteilte Fenster, das die gesamte Südwand einnahm. Wie so oft hatte van Aken die Komposition als eine Geschichte in drei Akten arrangiert, deren gemeinsames Motto über den einzelnen Bildern das Thema am Ende zu einem großen Ganzen vereinen sollte.
„Vita Est Quasi Dies", las sie mit belegter Stimme die in Eichenholz geschnitzten Worte über dem linken Fensterrahmen vor.
„Das Leben ist wie ein Tag", übersetzte der alte Mann, der durch das Bild hindurch in die Ferne zu

blicken schien. „Es ist der Beginn des Lebens und das Sein an sich. Und ... er wollte die Zeit besiegen ... wissen Sie?“

„Bosch? Meinen Sie Bosch? Er wollte mit seinen Bildern unsterblich werden?“

„Ja ... äh ... nein ... also, irgendwie schon, aber nicht so, wie Sie denken. Außerdem war sein Name van Aken. Bosch nannte man ihn nur, weil er hier malte, in diesem Ort, in diesem Haus, in dieser Welt, in ...“

„Ja doch, das ist mir klar, aber ... was meinen Sie damit, dass es nicht so ist, wie ich denke? Woher wollen Sie wissen, was ich denke?“

Der alte Mann hielt inne, wandte sich ihr zu und schien ihr in die Augen zu blicken, doch sie hatte das unheimliche Gefühl, dass er gar nicht sie ansah, sondern etwas, das sich hinter ihr befand.

„Ach, wir sind doch alle gleich“, raunte der Alte mit erschöpfter Stimme. „Wir glauben, wir seien einzigartige Individuen, wertvolle Unikate, aber im Grunde sind wir bloß Herdentiere. Einer wie der andere. Schlachtvieh, sonst nichts. Wir sind vergänglich. Doch die Kunst ... also, van Akens Werke ... sie überdauern Ozeane der Zeit. Sie ... transzendieren. Und man wird sich an seinen Namen und sein künstlerisches Vermächtnis bis in alle Ewigkeit erinnern. Doch das war nicht die spirituelle Art von Unsterblichkeit, die van Aken anstrebte. Er wollte mehr. Er wollte wahrhaft unsterblich sein. In seiner Kunst und durch seine Kunst. Malen auf ewig, nie das Bild vollenden und die Zeit niederringen. Man kann es in seinen Bildern sehen, besonders in seinem Meisterwerk.“

Vor blauem Grund erhob sich im Zentrum des aus farbigen Glasfragmenten bestehenden Fensters ein gewaltiges Auge. Darunter saß ein junges, in ein mohnrotes Gewand gekleidetes Mädchen. Sie hatte ein Kind auf dem Arm, eingewickelt in elfenbeinweißes Leinen, das der Farbe von Knochen ähnelte. Ihr Blick verlor sich in der Ferne.
Vögel, Schweine und Fische mit menschlichen Gliedmaßen stolzierten eitel herum, machten einen Spaziergang durch die Hölle und erfreuten sich an deren Anblick.
Eine Sonnenuhr, die in ihrer lebensnahen und realistischen Darstellung völlig untypisch war für van Akens bevorzugt inszenierte, von phantastischen Elementen geprägte Symbolik, befand sich auf der linken Seite unter einer Horde von Gnomen und Kobolden, die mit spitzen, eisernen Stangen und hölzernen Pfählen nackte Menschenleiber folterten und peinigten.
Umgekehrte, über Köpfe gestülpte Trichter, die symbolisch für ‚betrügerische Absicht' oder ‚gemeines Verhalten' standen, waren an einigen Stellen zu sehen. Auch gab es die Anspielung auf ‚Verdorbenheit', die durch Pfeile versinnbildlicht wurde, die in Mützen, Hüten oder Köpfen steckten. Zwischen der Frau in Rot, dem in Flammen stehenden Horizont und dem gesichtslosen, starrenden Augapfel kauerten Kröten, Lurche und Frösche mit menschlichen Händen auf einem Hügel aus Schädeln, Knochen und grauen Gerippen.
Ein fliegendes, nur aus Schwingen und nadelartigen Zähnen bestehendes Ungetüm, weiß wie Dezemberschnee, durchstreifte den wolkenlosen,

brennenden Himmel. Ein organischer Zeppelin inmitten des Infernos.
Die Worte über dem zweiten, größten Bild des Fensters kannte Nina gut. Sie gehörten zu den meistzitierten Sprüchen des Mittelalters und waren oft Bestandteil der Inschriften von Grabsteinen gewesen.
„Tempus Rerum Imperator. Die Zeit ist der Herrscher aller Dinge", las sie atemlos vor.
Das mittlere Fenster, das mindestens doppelt so groß war wie die Paneele zu seinen Seiten, zeigte einen dem Schlund entstiegenen Zoo. Ein wahres Bestiarium an kuriosen Kreaturen tummelte sich dort.
Der Hintergrund war in schwefelgelbe und schwarzblaue Ebenen aufgeteilt, unterbrochen von ahorngrünen und kupferfarbenen Bereichen, die wie Höllenschlunde aussahen. Fenster in die Tiefe.
Sie sah einen Wald, in dem nicht ein einziger Baum stand, sondern nur die gepfählten Silhouetten aufgespießter Leiber, die in den blassen Himmel ragten.
Wolken waren aufgezogen. In der Ferne loderte ein Feuer vor einem immer dunkler zu werden scheinenden Opalgrün, das in den Schatten zu Nachtblau wurde.
Die Türme, Gebäude und Gerippe einer Stadt aus Asche zeichneten sich in der Ferne ab und dominierten das Panorama. Zweiköpfige Katzen. Ratten von der Größe von Mastschweinen.
Schaben mit Menschengesichtern und die Flammen der Fegefeuer der Vorhölle, die praktisch

überall waren und für die Allgegenwärtigkeit menschlicher Sühne und Bestrafung standen, in all ihren brutalen Facetten und Variationen.

Köpfe mit den typischen rabenschwarzen Schnabelmasken mittelalterlicher Pestdoktoren beobachteten das Geschehen vom Bildrand aus.

Ziellos umherlaufende Ohrenpaare, in deren Mitte gigantische Scherenblätter Fleisch und Knorpel durchtrennten und von denen die restliche Kunstwelt annahm, van Aken wollte damit zum Ausdruck bringen, die Menschheit sei taub für das Neue Testament, dominierten das Zentrum.

Nina sah Uhren, die einander zu jagen schienen. Geifernde Untiere. Grinsende Kobolde. Messingtöpfe mit Dutzenden von Leibern, die in einer gelblichen Brühe zu Brocken und Fasern zerkochten.

Sich selbst verschlingende Hunde und absurd überproportioniert große Fliegen, die auf den nackten Körpern Neugeborener nisteten. Lichtscheues Gesindel, das die Schatten bevölkerte.

Die skelettartigen Silhouetten aufgespießter Leiber vor einem brennenden Himmel, Schwarz auf Karmesin, zeichneten sich gestochen scharf vor der Skyline einer namenlosen Stadt ab.

Neben dem vorrangig thematisierten Aspekt der Wollust, welcher in sämtlichen Facetten dargestellt wurde, befand sich auf dieser Seite des Triptychons das berühmte ‚geheimnisvolle Gesicht'. Das Bildnis eines unbekannten Mannes, von dem man annimmt, es habe sich um Boschs Mäzen oder sogar um ihn selbst gehandelt.

Grau und in Katatonie verfallen blickten seine

traurigen Augen aus dem Bild heraus, auf einen unbekannten Punkt vor sich gerichtet, sodass der Eindruck entstand, er würde dem Betrachter des Bildes direkt ins Gesicht sehen.

„Das ist seltsam", sagte Nina zu dem Alten, der paralysiert neben ihr stand und wie gebannt die Details des Fensters studierte.

„Was ... meinen Sie?"

„Na hier, das Gesicht."

„Was ... was ist damit?"

„Na, irgendwie weiß man nicht, ob man es anblickt oder ob man angesehen wird. Ist man ein Zuschauer, der sich ein Bild ansieht, oder ist man das Bild, vor dem ein Zuschauer steht?"

„Das liegt wohl im Auge des Betrachters, meinen Sie nicht?", fragte der alte Mann mit rasselnder, brüchiger Stimme und lachte trocken. Dann wandte er sich dem rechten Drittel des Fensterbildes zu.

„Und hier", sagte er, „zu guter Letzt: Mors Porta Vitae Aeternae. Der Tod ist die Pforte ... zum ewigen Leben."

Das Bild zeigte einen Friedhof. Rauch schien in der Luft zu liegen und die Proportionen verschwimmen zu lassen. Eine optische Illusion aus Olivgrün, Albinoweiß, Anthrazit und einer Unmenge an unmöglichen Farbtönen, die in ihrer Summe reinstes, an pures Pech erinnerndes Schwarz ergaben. Fremdartige, grotesk entstellte Lebewesen krochen ungelenk und mit zappelnden Bewegungen aus den dunkelgrünen Schatten hinter den Menschenwäldern aus Gerippen, Pfählen und in der Sonne verwesenden Körpern.

Zyklopische Kreaturen mit Fischköpfen, Spinnenbeinen, Fühlern, Insektenflügeln und unbekannten und verstörend pervertiert wirkenden Gliedmaßen trieben dürre, nackte Menschenleiber vor sich her, hinein in die Flammen des Abgrunds.
Turmhohe Sanduhren in der Ferne, deren Sand unablässig zu verrinnen schien, als würden die filigranen Glasscheiben der Fensterbilder leicht vibrieren, erhoben sich am Horizont wie architektonische Relikte vergangener Zeitalter.
Gnome, Zwerge, Ungeheuer und dämonische Scheusale, die nur aus Augen, scherenartigen Gliedern und Zähnen zu bestehen schienen.
Sie lachten hemmungslos, während sie gesichtslose Schemen niedermetzelten. Anstelle von Händen hatten sie Zangen, Messer, Hämmer und gezackte Klingen, die rot im Licht der untergehenden Sonne aufblitzten.
„Also ist das erste Bild die Auseinandersetzung mit dem Geburtsvorgang. Das zweite Bild das Leben in Sünde und Wollust. Und das letzte Fenster? Das letzte Bild ..."
„Der Tod", flüsterte der Alte mit ehrfürchtiger Stimme. „Freund Hein, der Vater der Knochen. Schicksal allen Fleisches. Der rastlose Wanderer, der uns alle erwartet, wenn unsere Zeit gekommen ist."
Die Stadt in der Ferne war Gruben gewichen, die in Gräber übergingen. Knochenacker, die sich bis an den Rand des Fensters erstreckten.
In absurd hohen Haufen stapelten sich aufgedunsene Leiber mit schwarzen Flecken vor dem wütenden Feuer der untergehenden Sonne. Sie

schienen zu brennen, als würden sie auf ewig von den Flammen verzehrt werden.
Wie betäubt folgte Nina dem Kursverlauf des Himmelskörpers, als dieser unvermittelt am rechten Fensterrahmen verschwand.
Der Raum wurde finster.
Hinter ihr regte sich etwas in den Schatten.
Das kriechende Ding, das ihr aus dem Flur gefolgt war, richtete sich mit knackenden Lauten auf und erhob sich hinter ihr. Ein pulsierender Herzschlag, der stetig lauter und schneller wurde, pochte in der Stille. Direkt neben sich hörte sie das abgehackte, explosionsartige Krächzen eines Vogels. Es ging ihr durch Mark und Bein.
Ihr erster Impuls war zu schreien, doch dann geschah etwas Unerwartetes.
Am linken Bildrand erschien ein Licht. Die Sonne ging auf und erhellte den Raum. Wie unter Zwang starrte Nina das Panoramafenster an und folgte dem Lauf der Sonne. In der Ferne hörte sie das Pfeifen erneut, lauter, geradezu beschwingt und heiter, als ein Geräusch sie aus ihren Gedanken riss. Die Türglocke. Der Weg nach unten erschien ihr beschwerlicher zu sein als hinauf, so als sei sie nach einem langen Schlummer erwacht. Ihre dumpfen Schritte hallten wie ein Echo durch die Zimmer. Akustische Wellen auf einem See aus Zeit und Staub. Mit unsicheren Schritten ging sie langsam und schwerfällig die lange Treppe hinunter, sodass es fast so klang, als würde jemand einen Sack Knochen über das Parkett hinter sich herziehen. Die knarrenden Dielen des Foyers ließen Erinnerungen in ihr aufflackern, die sie nicht zu-

ordnen konnte. Zögernd blieb Nina einen Moment vor der geschlossenen Tür stehen und blickte sie an, als hätte sie vergessen, wie man sie öffnet. Jemand klopfte von der anderen Seite energisch und ungeduldig dagegen.

„Hallo? Jemand zu Hause?"

„Ey, Alter, das is nich fly, Mann. Komm, lass uns abhauen. Is doch sowieso alles Quatsch. Scheiß Spukhaus, Alter. So'n Blödsinn! Wir ..."

Nina öffnete knarrend die Haustür und erblickte zwei junge Männer. Sie sahen aus, als seien sie bei etwas Verbotenem ertappt worden und hätten nun Repressalien zu befürchten.

„Was kann ich für Sie tun, meine ... Herren?"

Nina war sich nicht sicher, ob sie die beiden schon einmal gesehen hatte. Sie kamen ihr irgendwie merkwürdig bekannt vor, doch ihre Sinne waren auf eine konfuse Art und Weise verzerrt und dem inneren Fokus entrückt.

„Das Haus ... wir ... wir wollen uns das Haus ... ansehen, wenn es geht, gnä' Frau."

Verwirrt sah sie die jungen Männer mit matten, leeren Augen an und strich sich geistesabwesend über die aschfahle Backentasche ihrer ehemals dunkelblauen Jeans.

Der Anblick ihrer Gestalt war schwammig. Ihre Kleidung wirkte grau und formlos und schien ihr irgendwie nicht richtig zu passen, denn ihre Ärmel schlackerten lose an ihren Armen, als habe sie rapide an Gewicht verloren.

Ihre weißen, blutleeren Lippen waren ein Strich zwischen ihrer Nase und ihrem Kinn, der in den übrigen Gesichtsfalten fast unsichtbar war.

Ihre Haut war trocken und spröde. Ihre Erscheinung glich dem negativen Sonnenfleck auf einer ausgebleichten Fotographie. Ihr zerschlissener, farbloser Rucksack, in dem ihre Bücher, Aufzeichnungen und Fotografien zu Staub zerfallen waren, hing an ihr wie ein nutzloses, abgestorbenes Organ. Weiße, strohige Haare fielen ihr chaotisch ins Gesicht. Sie konnte den Wind auf den Wangen spüren, der durch die geöffnete Tür hereinwehte. Er roch nach Blut, Erde, Talg und Wasser.
„Mensch, die Alte is doch hundertpro defekt, Mann. Die weiß doch kaum noch ihren Scheißnamen. Lass mal lieber ..."
Mit einem erstaunten Ausdruck riss sie die Augen auf und starrte die jungen Männer an, als würde sie sich an etwas Wichtiges erinnern.
„Das Fenster, nicht wahr? Sie ... wollen das Fenster sehen. Alle ... wollen das Fenster sehen."

Blauer Grund.
Ein wenig Azurit.
Nicht zu viel, nur ein wenig.
Violette Flecken hier und dort. Der Pinsel jagte nur so über die Eichenholzscheibe, machte Striche und Punkte, gab Struktur und Perspektive.
Elfenbeinweiße Nebelstreifen zogen durch das Bild, gebannt in Bleikarbonat, Kobalt und Ultramarin.
Der Künstler arbeitete wie besessen. Während er sich bemühte, sein Werk der Vollendung zuzuführen, begann er eine Melodie zu pfeifen, immer ekstatischer und lauter, mit immer mehr Hingabe.
Eine aufsteigende Tonleiter, deren einzelne Töne zu hüpfen schienen.

Am unteren Rand erschienen klauenbewehrte Schatten, die dem Zentrum entgegenkrochen. Eisblaue und neongrüne Hiebe zerrissen die obere Hälfte des Bildes wie grobe Schnitte in organischem Gewebe. Die anfängliche Schüchternheit war nun gewichen, denn es war fast vollendet.
Es fehlte nur noch ...
Er hielt inne und sah das Bild an. Streng war sein Blick, berauscht vom Blut, belebt vom Fleisch.
Es war noch nicht fertig.
Teerschwarze Strukturen, die keinerlei geometrischen Ordnung zu unterliegen schienen, wurden vor den im Hintergrund lodernden Flammen der Höllengruben sichtbar, nahmen Form an und wuchsen in die Höhe, nur um wieder unter den unbarmherzigen Hieben der Spachtel zu verschwinden.
Die Gestalt mit der Pestmaske hatte sich umgedreht und blickte scheinbar aus dem Gemälde heraus und in das Antlitz des Betrachters. Sie öffnete ihren langen schwarzen Schnabel und schien einen stummen Schrei auszustoßen. Schaben, Tausendfüßler und fleischgewordene Albträume krochen umher.
Die Gräser und Felder waren scharlachrot. Die Vegetation hinter den Bäumen im Vordergrund glich den Reißzähnen prähistorischer Kreophagen.
Noch ein paar Pinselstriche und dann war es getan. Die Scheibe zeigte ein tiefes, an Türkis erinnerndes Cyan. Vielleicht noch etwas Orange oder Aquamarinblau? Nicht zu viel, nur ein wenig.
Aschgraue Wolkenfetzen an einem lodernden Himmel. Kupferblaue Flecken hier und dort.
Der Pinsel tanzte förmlich über das Holz.
Er flog beinahe.

Entfremdung

„Durch mich geht man hinein zur Stadt der Trauer, durch mich geht man hinein zum ewigen Schmerze, durch mich geht man zu dem verlornen Volke."

Dante Alighieri (1265 – 1321)

Es schläft. In seinen Träumen ist es erwacht. Es spürt / empfindet / eruiert seine Umgebung und die Grenzen seines Körpers / seiner Hülle / seines Tempels, wird sich seines Seins gewahr. Energie durchfließt es, nährt / füttert / erschafft es, reanimiert was war und lässt werden, was sein wird. Beseelt von dem wortlosen / intuitiven / unformulierbaren Wunsch nach Reproduktion / Expansion / Assimilation sendet es biochemische Impulse aus, hinab in die Tiefen seines Bewusstseins, strebend einzig und allein nach Existenz / Empfindung / Ewigwerdung.

„Das alles hier", sagte der Soldat, in dem der Monsignore den Gefreiten Juri erkannte, „ist Sperrgebiet. Und das aus sehr gutem Grund."
Hinter ihnen reihten sich rostige Lastwagen aneinander, mit geöffneten Motorhauben. Aufgegeben, ausgeschlachtet, den Naturgewalten überlassen und dem sauren, radioaktiven Regen ausgeliefert. Sie hatten Prypjat gerade hinter sich gelassen. Den Ausläufern der Geisterstadt folgend, passierten sie die Überreste der mehrstöckigen, halb verfallenen und von verkümmerter Vegetation überwucherten Wohnblöcke aus Beton, Glas und

Stahl, die tausende von Arbeitern des Kernkraftwerks Tschernobyl beherbergt hatten.
Immer tiefer drangen sie vor in die ukrainische Landschaft, mit ihren leeren Straßen, zerbrochenen Fensterfronten, mit Stacheldraht überzogenen Grenzwällen und den Hinterlassenschaften der evakuierten Einwohner.
„Alles verstrahlt. Bis ins Mark."
Der junge Mann sprach mit dem für Ukrainer typischen rollenden Akzent und den hart ausgestoßenen Konsonanten osteuropäischer Dialekte.
Die Sonne war bereits über ihren Zenit hinausgeklettert und die Schatten um sie herum waren zitternde Skelette, die über die verlassenen Ruinen einstiger Wohnkomplexe tanzten.
„Ich glaube", begann Dr. Weber, der wissenschaftliche Berater der Mission, den sie alle nur ‚Professor' nannten, „sie bezeichnen es als ‚Entfremdungszone'. In einem Radius von dreißig Kilometern um den havarierten Reaktor herum, ausgehend vom Epizentrum des Fallouts. Das ultimative Risikogebiet."
„Da", bestätigte der junge ukrainische Soldat nickend. „Risiko. Da."
Er hatte das WAC-47 locker auf der Schulter liegen, den Lauf gen Himmel gerichtet. Das modifizierte Sturmgewehr, das umgerüstet worden war für Munition vom Kaliber 6,8 Remington SPC und eine Mündungsgeschwindigkeit von annähernd 700 Metern pro Sekunde erreichte, wog etwa 3,5 Kilogramm, doch dem jungen Mann schien das Gewicht nicht das Geringste auszumachen, als wäre es nur eine Attrappe.

Monsignore Roberto De Luca strich seine Soutane glatt, blickte sich um und taxierte seine Reisegenossen, die auf Klappstühlen um das Lagerfeuer herumsaßen und aus blechernen Schüsseln Rote-Bete-Borschtsch löffelten oder Tee tranken.
Da war Dr. Hans Weber, Virologe und Biochemiker der Universität Berlin, dessen Hornbrille seine Augengröße zu verdoppeln schien.
Da waren die fünf ukrainischen Soldaten, die ihnen auf ihrer Expedition Geleitschutz geben sollten und die von einem fast zwei Meter großen Klotz von einem Mann befehligt wurden, dessen ungarische Wurzeln vor allem in seinem grenzwertigen Humor spürbar waren.
Und da war sie. Die Frau an Bord. Mae C. James, die erste afroamerikanische Frau im Weltraum.
Sie war im letzten Moment hinzugestoßen und niemand schien genau zu wissen, was ihre Aufgabe war oder warum sie darauf gedrungen hatte, die Unternehmung begleiten zu dürfen. Sie trug ihren dunkelblauen Kampfanzug ganz selbstverständlich, obwohl der Monsignore wusste, dass das Gewebe des Anzugs durch die Durchmischung mit Kevlar sehr starr und unbequem sein musste. Ihre kurzgeschorenen schwarzen Haare wirkten wie ein glatter, matt glänzender Helm, der den Bereich zwischen Stirn und Nackenansatz bedeckte.
„Ah, wir haben Signal."
Der Soldat zu Juris rechter Seite, der Monsignore war sich nicht ganz sicher, ob es Ivan oder Igor gewesen war, balancierte einen Laptop auf den Knien. Er tippte ihre aktuellen Koordinaten in die Tastatur, stellte den Zoom ein, justierte die Bild-

schärfe und sog die Luft durch die Zähne ein.
„Jomajo! Was ist das für Scheißdreck?"
Der Bildschirm zeigte eine Karte der Region, in der sie sich befanden, in den typischen Hell- und Neon-Grün leuchtenden Farben radargestützter Übertragungen.
Das Zentrum des Bildes war blendend hell, während der Untergrund in ein verwaschenes Olivgrün überging. Deutlich über die imaginäre Linie der Entfremdungszone hinweg hatten sich leuchtend helle Tentakeln gleißenden Lichts ausgebreitet, wie die tastenden Gliedmaßen eines Tintenfischs.
„Das ist Strahlung, da?" Juris Frage klang flehend, als hoffe er auf eine Bestätigung. „Strahlung aus dem Kern."
„Nein", sagte Dr. Weber. „Strahlung würden wir via Radar nicht sehen. Es muss sich um etwas anderes handeln. Um etwas Organisches, Lebendiges, das sich den Daten nach zu urteilen in etwa 3000 Kilometern Tiefe befinden müsste. Irgendwo zwischen dem unteren Mantel und dem äußeren Erdkern."
Die junge Frau war aufgestanden und hatte die Arme vor der Brust verschränkt, die zierlichen Fäuste unter den Achseln, als würde sie frieren.
„Es schläft ... glaube ich."
Die Männer sahen sie fragend an, als hätten sie sich eben erst wieder ihrer Anwesenheit erinnert.
„Es träumt vom Erwachen."
Am Horizont zeichnete sich deutlich das Riesenrad ab, das seit dem 26. April 1986 stillstand und nur ein einziges Mal in Betrieb genommen wurde.

Nach der nuklearen Katastrophe in Reaktor 4 hatte man den Vergnügungspark in Prypjat fünf Tage vor der geplanten Festtagsfeier eröffnet, um der Bevölkerung Sicherheit zu vermitteln und Normalität zu suggerieren. Die Überbleibsel und Ruinen der Gerätschaften waren zu Monumenten einer globalen Tragödie geworden, deren Ausmaße zu erfassen die menschliche Vorstellungskraft nicht in der Lage ist.

„Es ist das Zentrum. Der tiefste Kreis der Hölle, wo Satan wohnt im eisigen Fluss Kozytus", raunte der Monsignore mit unheilvoller Stimme und rezitierte:

„Als hinter ihm ich so weit vorwärts rückte, dass es dem Meister nun gefällig schien, mir den zu zeigen, den einst Schönheit schmückte, da trat er weg von mir, hieß mich verziehn. Und sprach zu mir: Bleib, um den Dis zu schauen, und hier lass nicht dir Mut und Kraft entfliehn."

„Ach was", bellte der massige Ungar lachend. „Der Leibhaftige hat die Wölfe und Bären von Prypjat gefressen, ja?"

Wieder lachte der Hüne aus voller Brust und stemmte die Fäuste in die Lenden, stand breitbeinig vor dem Feuer und wippte auf seinen Fersen, was in den Kampfstiefeln, die sie alle trugen, nicht so leicht war, wie es aussah.

„Ich weiß nicht, was da ist oder was verantwortlich ist für den schlagartigen Rückgang der Population in dieser Gegend. Aber Dantes ‚Göttliche Komödie' ist mehr, als ein Gedicht. Es ist eine Vision. Eine Erinnerung an die Zukunft."

Er rieb sich die Hände, als wüsche er sie unter

fließendem Wasser, und faltete sie dann, als wolle er beten.

„Il mondo é fatto a scale, chi le scende e chi le sale."

„Die Welt ist aus Stufen gemacht", übersetzte Dr. Weber frei. „Der eine steigt sie hinab, der andere hinauf."

„Bravo", erwiderte der beleibte Geistliche anerkennend und nickte dem Wissenschaftler augenblinzelnd zu. „Ihr Italienisch ist recht passabel."

Der Virologe schien das Kompliment zu überhören. Er war fixiert auf seine Gedankengänge und die ihm fehlenden Antworten seiner unausgesprochenen Fragen.

„Welche Stufen meinen Sie?"

„Die Höllenkreise, die Dante hinabsteigt an der Seite von Vergil, sind real. Sie befinden sich überall in dieser Welt, auf unterschiedlichen Ebenen der Existenz. Und jeder Sünder lebt in seiner eigenen Hölle aus Sühne, Pein und Läuterung. Die unschuldig schuldig gewordenen Ungetauften des ersten Kreises ebenso wie die Betrüger, Vergewaltiger und Mörder des achten Kreises. Daran habe ich keinen Zweifel. Prypjat ist die Stadt am Rande des Zentrums. Die von Dante beschriebene Höllenstadt ‚Dis'. Wohnort der Dämonen. Die Stadt der Trauer."

Einer der Soldaten spuckte in die Flammen und schüttelte den Kopf.

„Stadt der Trauer passt gut. Wurde erbaut für Arbeiter von Kraftwerk. Viele Familien haben getrauert. Viele Gräber geschaufelt. Verlassen. Verstrahlt. Wenn es gibt Stadt der Trauer, dann ist es Prypjat."

„Was hoffen Sie, dort zu finden?“, fragte die amerikanische Astronautin mit wachem, ehrlichem Blick.
Monsignore Roberto De Luca dachte einen Moment nach, als suche er nach den passenden Worten, doch dann sagte er einfach: „Die Hölle.“
Seine Worte hallten in der Stille des Nachmittags nach, als würde das Fehlen von Vogelgezwitscher und Grillenzirpen in dieser toten Welt eine Lücke hinterlassen, die man mit Lauten füllen musste.
„Ich bin auf der Suche nach der Hölle.“
Mit den Händen strich er seine schwarze Filzsoutane glatt, berührte das Kreuz, das unsichtbar unter seinem Hemd auf seiner Brust lag, und stellte seinen Kragen auf, um sich der aufkommenden Kälte zu erwehren.
„Warum, zum Teufel, sollten Sie Hölle sehen wollen, alter Mann?“
Der junge Soldat in Camouflage, dessen Namen ihm entfallen war, machte ein verständnisloses Gesicht, als würde er dem Geistlichen diese Blasphemie persönlich übelnehmen.
Wieder wählte der Monsignore seine Worte mit Bedacht. Er formte mit seinen Händen eine Raute, blickte in die Flammen des Lagerfeuers und hob seinen Kopf.
„Ich will die Hölle sehen mit eigenen Augen, damit ich habe Gewissheit, dass es gibt einen Himmel, mein Freund. Und vermutlich wissen Sie, was man sagt über die Neugier?“
„Klar“, erwiderte der junge Mann trotzig. „Neugier ist Tod von Katze.“
„No“, lachte der Monsignore herzlich und sagte:

„La curiositá é la madre della sapienza. Die Neugier ist die Mutter der Weisheit."

Es erwacht. In seinen Träumen ist es gestorben / heimgegangen / hinabgestiegen, um erneut zu erstehen / aufzuleben / geboren zu werden, einzig durch die Nutzung der verfügbaren organischen und radioaktiven Ressourcen, der dadurch initiierten Fleischwerdung / Reorganisation / Mutation als Futter dienend / ausgeliefert / anheimfallend, gedankenlos, intuitiv handelnd, greifend / chaotisch / hungrig.

„Darf ich Ihnen eine persönliche Frage stellen?"
Die Astronautin blickte den Wissenschaftler an, als versuche sie, die Absicht hinter seinen Worten zu erfassen.
Sie saßen sich gegenüber auf klappbaren Sitzflächen, die in der seitlichen Karosserieseite des Fahrzeuginnenraums eingelassen waren. Das KrAZ-6322, ihr ‚Fortress on Wheels', hatte trotz der Modifikationen für die Panzerung der Kabine und der Kraftstofftanks und des daraus resultierenden Mehrgewichtes eine ordentliche Beschleunigung und die 340 Pferdestärken unter der Haube waren deutlich hörbar und als konstant spürbare Vibration wahrzunehmen.
„Was für eine Frage?"
In ihrer Stimme schwang Neugier mit einem Funken Erwartung.
„Wie ist es ... im All?"
Mit einer raschen Handbewegung rückte Dr.

Weber seine Hornbrille zurecht, als müsste er einen Bildausschnitt fokussieren. Die hellbraune Lederjacke, das weiße Hemd und die Blue-Jeans entlarvten ihn auf den ersten Blick als Zivilisten.
„Wie ist es, im Weltall zu sein? Losgelöst von allem und jedem? Draußen?"
„Well, that's difficult." Sie leckte sich über die Lippen und legte die Stirn in Falten.
„Es ist ... grandios. Und erschreckend. Und wunderschön. Aber es ist auch einsam und erdrückend. Und kalt. Es ist ein bisschen wie ... sterben."
„Hatten Sie einen Außeneinsatz, als Sie oben waren?"
Sein Gesicht drückte mehr als rein wissenschaftliche Neugier aus, sondern wirkte auf die Astronautin fast ehrfürchtig.
Sie nickte mit geschlossenen Augen. Hinter ihr raste schattenhaft die verlassene Einöde von Tschernobyl an ihnen vorbei, grau und spröde und auf eine deprimierende Weise leer.
„Einmal war ich draußen, wie man das aus dem Kino von Sandra Bullock kennt. In voller Montur, angeleint und bereit, die Welt zu retten. Es ging um einen Sicherheitscheck am äußeren Kommunikationsrelais. Ich hatte mich gerade eingehakt und war die ersten 300 Meter schwerelos zu den mittleren Solarpanelen geschwebt, als ich etwas spürte ... eine Erschütterung. Eine Art ... Kontakt."
Sie zuckte mit den Schultern, zog eine Augenbraue hoch und fuhr seufzend fort.
„Das war es. Mehr weiß ich nicht. Seit ich die ISS verließ, waren bis zu dem Zeitpunkt, als sie mich im All treibend aufsammeln konnten mit den im

Cyberspace gezüchteten Biobots von Rozum Robotics, 36 Stunden vergangen. Stunden, an die ich nicht die geringste Erinnerung mehr habe."
Sie scharrte mit den Stiefeln auf dem Boden, schnalzte mit der Zunge, schniefte und blinzelte, bevor sie Dr. Weber fest in die Augen sah.
„Und seitdem bin ich nicht mehr die, die ich vorher war. Ich habe mich ... verändert. Auf eine gute Weise."
„Inwiefern?"
„Ich sehe und verstehe, was andere fühlen. Ich kann es ihnen zeigen. Und ich weiß von Dingen, von ... Details ... die niemand wissen sollte."
„Wusst ich's doch!", rief der untersetzte Soldat in Khaki laut lachend seinem Kameraden zu. „Sie ist ein verfickter X-Man! Ich hab es dir gesagt! Sie hat Scheiß-Superkraft!" Die Soldaten schlugen ihre Fäuste aneinander und lachten wiehernd.
„Koly dyyavol bezsylyy, vin posylaye svoyu druzhynu."
Die Astronautin blickte den Wissenschaftler perplex an. „Was haben sie gesagt?"
Doktor Weber kaute auf seiner Unterlippe und hatte eine Augenbraue heruntergezogen.
„Ich glaube, es heißt so etwas wie: ‚Der Teufel ist machtlos gegen eine Frau' ... oder so ähnlich."
„Wenn der Teufel machtlos ist", schnappte Monsignore Roberto De Luca mit zischender Stimme, „schickt er seine Frau."
„Yebat-kopat!", rief Juri. „Es breitet sich aus. Immer schneller!"
In seiner Stimme klang die unterdrückte Dringlichkeit einer aufkommenden Panik durch. Das

helle grünliche Leuchten, das an dem schmerzhaft pulsierenden Glühen einer Leuchtstoffreklame ähnelte, hatte sich auf dem Radar flächenmäßig vervielfacht und strebte den Rändern des Bildschirms entgegen.
Der Monsignore wusste, dass das Bild von einem RORSAT Satelliten namens KOSMOS 1932 übertragen wurde.
Er wusste auch, dass die hochauflösende Optik des Weltraumteleskops von einem deutschen SAR-Lupe-Aufklärungssatelliten stammte, der in ungefähr neunzig Kilometern Entfernung im Orbit der Erde kreiste.
Der Satellit fing das Signal auf, spiegelte es und schickte es innerhalb von Millisekunden wie einen unsichtbaren Jo-Jo aus Statik und niederfrequenten Wellenlängen um den Erdball herum.
Doch obwohl der Geistliche all diese Dinge wusste, verstand er trotzdem nicht deren Dynamik oder warum dieser ganze technische Schnickschnack tatsächlich funktionierte.
„Wenn es weiter so wächst“, begann der ungarische Hüne mit dröhnender Stimme, „dann ist es morgen in Moskau.“
Die Soldaten lachten auf, schlugen die Gewehrkolben auf den Boden des KrAZ und ließen ein paar ukrainische Schimpfwörter fallen, die der Monsignore nicht zu verstehen in keinster Weise bedauerte.
„Es ist wie in Dantes Zahlenmystik. Alles dreht sich um die Zahl 3.“
„Wie bitte?“ Die junge Astronautin wirkte verwirrt.

„Die Zahl 3", sagte der Monsignore, als erkläre dies alles. „Sie ist überall. Die ‚Göttliche Komödie' ist unterteilt in dreiteilige Verse. Der christliche Glaube ist begründet im Glauben an die Heilige Dreifaltigkeit. Die Ausbreitung der radioaktiven Nuklide des Kraftwerks erfolgte in drei Kontaminationsstufen. Also ..." Er öffnete seine Hände und drehte die Handflächen nach oben.
„Ich bin ein einfacher Mann und weiß nicht viel, aber eines weiß ich: Es gibt keine Zufälle. Oder wie man bei uns zu sagen pflegt: Tutte le strade portano a Roma. Alle Straßen führen nach Rom."
Schweigend fuhren sie vorbei an dem überdimensionalen Friedhof von Tschernobyl, dessen Stahlkreuze und Grabsteine mit bunten Bändern und Blumen geschmückt waren.
In Stein und Beton gravierte Gesichter zeigten die Toten zu Lebzeiten. Lächelnd, aufrecht, mit erhobenem, hoffnungsvollem Blick.
Als sie den trompetenden Engel sehen konnten, musste der Monsignore rein instinktiv an die entfleischte Gestalt eines geflügelten Wesens denken, dessen Knochen aus den Metallstreben einer Stahl-Beton-Konstruktion gemacht waren.
Das Denkmal für die gestorbenen Liquidatoren, die in der Zeit nach der Katastrophe radioaktive Stoffe verschüttet, die Stickstoffkühlung unter Reaktor 4 installiert, verstrahlte Wildtiere erschossen und Flächen, Straßen und Gebäude dekontaminiert hatten, erhob sich vor dem strahlend blauen wolkenlosen Himmel, dessen Farbton mit jedem verstreichenden Moment dunkler und matter zu werden schien.

„Der dritte Engel blies in seine Posaune“, intonierte der Monsignore. „Da fiel ein großer Stern vom Himmel. Er loderte wie eine Fackel und fiel auf ein Drittel der Flüsse und auf die Quellen. Und der Name des Sterns war ‚Wermut‘. Ein Drittel des Wassers wurde bitter und viele Menschen starben durch das Wasser, weil es bitter geworden war.“
Die junge Astronautin blickte Monsignore De Luca herausfordernd an.
„Ich weiß, was Sie sagen wollen. Der dritte Engel. Ein Drittel der Flüsse. Ein Drittel der Quellen.“
„Ach“, seufzte der alte Geistliche. „Ich will gar nichts sagen. Ich bin nur ein alter Narr, der sich in eine Idee verrannt hat.“
„Alt, mozhlyvo“, sagte Juri auf. „Aber ich glaube nicht, dass Sie sind ein Narr. Sie sind vielleicht ... ein Shut. Ein Hofnarr, da? Der Hofnarr des Königs.“
„Und wer ist der König?“
„Der Tod“, lachte Juri furchtlos. „Wer sonst?“
Die junge Frau atmete tief die staubige Luft ein und keuchend wieder aus. Sie flüsterte fast, doch die Männer konnten sie trotz allem gut verstehen.

„Und dem Tod soll kein Reich mehr bleiben.
Und die nackten Toten die sollen eins,
Mit dem Mann im Wind und im Westmond sein.
Blankbeinig und bar des blanken Gebeins,
Ruht ihr Arm und ihr Fuß auf Sternenlicht.
Wenn sie irr werden solln sie die Wahrheit sehn.
Wenn sie sinken ins Meer solln sie auferstehn.
Wenn die Liebenden fallen – die Liebe fällt nicht.
Und dem Tod soll kein Reich mehr bleiben.“

Es bebt / rast / überschlägt sich innerlich. Die Nachbeben der Kryptobiose endgültig durchbrechend / abschüttelnd / hinter sich lassend aktiviert es seine Sinne / lokalisiert sein Bewusstsein / revolutioniert seine Wahrnehmungsfähigkeit, nimmt die Suche / Fährte / Witterung auf, nach Nahrung / Futter / organischer Materie, Perfektion / Vollständigkeit / Makellosigkeit entgegenfiebernd. Besessen von dem Wunsch des Fressens / Verschlingens / Sättigens schreit es in den unendlichen Räumen zwischen den Atomen / Genomen / DNA-Strängen seinen Hunger in die Welt hinaus / hinein / hindurch.

Nachdem sie den Kontrollpunkt Dytiatky passiert hatten, ratterten sie auf der ukrainischen Landstraße vor sich hin, durchgeschüttelt von der für diese Region typischen Plattenbauweise der Fahrbahn. Zwischen Korosten, Masyr und Nowohrad-Wolysnkyi ging die Sonne unter am Horizont, in leuchtenden rot- und orangefarbenen Tönen, die das dunkle Blauschwarz des Himmels violett verfärbten.
Als das KrAZ eine Anhöhe erklomm, sahen sie sofort das riesige, tintenfischähnliche Ding, das aus dem Bleimantel hervorwuchs, den sie über den brüchigen Sarkophag über Reaktor 4 geschoben hatten, wie einen Handschuh.
Es hatte neun mindestens sechzig Meter lange Greifarme an der Oberseite, die ihm das Aussehen eines monströs riesigen Seesterns verliehen. Die Kreatur war schier gigantisch. Der Schaft in der

Sternmitte füllte den Reaktor völlig aus und quoll pulsierend daraus hervor, in giftige, knallrote und gleißende Lumineszenz getaucht.
„Ich fasse es nicht“, stöhnte Dr. Weber atemlos und sank auf die Knie.
„Ein Pilz. Ein verfluchter Pilz!“
„Bocsánatodért esedezem?“ Die Stimme des bärbeißigen Ungarn klang ungläubig und ungehalten, als hätte der Wissenschaftler gerade den Versuch unternommen, ihm einen Bären aufzubinden. „Das soll ein Scheißpilz sein?“ Er lachte verzweifelt. „Das Vieh ist fast doppelt so groß wie der Bleimantel hoch ist, und der ist ...“
„100 Meter“, flüsterte Dr. Weber beinahe ehrfürchtig. „Er ist genau 100 Meter hoch. Der Regensburger Dom hätte darin Platz.“
Die Finsternis senkte sich über sie, als wäre irgendwo ein Vorhang gefallen, doch das schwimmende, blendend grelle Licht des Pilzes erleuchtete die nukleare Einöde.
„Das größte bewegliche Gebäude der Welt. Ein riesiges Gewölbe aus Stahl und Kunststoff, mit einer Kühlung aus ... Stickstoff.“
Der Wissenschaftler riss die Augen auf und stand mit einem Ruck auf.
„Natürlich. Es ergibt alles einen Sinn.“
„Reden Sie keinen Quatsch, Professor! Nichts macht hier Sinn! Das ist gottverdammter Godzillapilz, der wächst in Scheißreaktor!“
Der junge Soldat mit der blaugelben Skimütze, dessen Name Dr. Weber entfallen war, war sichtlich aufgebracht und erschüttert.
Das Sturmgewehr in seinen Händen wirkte vor

den Dimensionen der fleischigen, wogenden und in den mittlerweile rabenschwarzen Himmel ragenden Masse wie ein nutzloses Spielzeug.
„Nein, sehen Sie“, begann er umständlich, mit erhobenen Händen und gespreizten Fingern, die wie Spinnenbeine von seinen Handflächen abstanden. „Karnivore Pilze bilden das dritte große Reich eukaryotischer Lebewesen und sie können ins Unendliche wachsen, solange ihnen ausreichend Nahrung zur Verfügung steht. Und sie ernähren sich nach der vollständigen Sättigung und Befriedigung ihrer rudimentärsten Bedürfnisse primär zur Aufrechterhaltung ihres Stickstoffhaushaltniveaus, sie ...“
Er schüttelte stumm und bedächtig den Kopf und öffnete den Mund, als wolle er etwas sagen, doch kein Laut verließ seine Lippen.
„Die Kühlung“, sagte die Astronautin mit matter Stimme. „Unter dem Reaktorkern. Die Stickstoffkühlung, die sie in den Tagen nach dem Unfall dort aufgebaut haben. Sie läuft noch immer, nicht wahr?“
Die junge Frau erschauderte bei dem Gedanken daran, dass diesem Ding eine faktisch unbegrenzte Energiequelle zur Verfügung stand.
„Und was ist mit den Geigerzählern?“
Monsignore De Luca hatte die Frage an niemanden im Besonderen gerichtet und erwartete auch keine Antwort.
„Was soll damit sein?“, blaffte einer der jungen Soldaten gereizt. Der Geistliche blickte ihn an und blaffte zurück: „Nichts ist damit. Sie schweigen. Schon seit wir die Sperrzone betreten haben.

Keinen Mucks haben sie von sich gegeben."
Die junge Astronautin nickte bedächtig mit dem Kopf und blickte Monsignore De Luca an.
„Es muss den Reaktorkern gefressen und die Strahlung absorbiert haben", sagte sie nachdenklich. „Es hat sie in sich aufgenommen und wurde so zu etwas, das in dieser Welt fremd ist. Eine Art Alphatier, das nur seinen eigenen Gesetzen und Regeln unterworfen ist. Ein Apex-Prädator."
„Wenn ich es recht bedenke", flüsterte Doktor Weber, „dann war dieses ... Ding ... schon immer fremdartig."
„Wie meinen Sie das?", fragte sie erstaunt.
„Nun", begann Doktor Weber. „Es gibt die Theorie, dass alles Leben auf diesem Planeten das Ergebnis eines gigantischen kosmischen Traumas ist. Vor etwa drei Milliarden Jahren ..."
„Das ist eine Drei mit neun Nullen", bemerkte der Monsignore trocken. Ein kokettes Grinsen verzerrte sein Gesicht. Doktor Weber ignorierte den Seitenhieb und fuhr ungehindert fort, als hätte er die Worte des alten Geistlichen überhaupt nicht wahrgenommen.
„... schlug ein Komet auf der Erde ein und brachte die Sporen eines Lebewesens aus der Tiefe des Alls mit sich. Aus ihnen entwickelten sich die ersten irdischen Extremophile. Die Schleimpilze. Also die jagenden, Beute schlagenden, amorphen und wirbellosen Prädatoren vorevolutionärer Zeitalter. Im Fachdiskurs nennt man diese rein hypothetische Spezies auch LUCA, oder ‚Last Universal Cellular Ancestor'. Die letzte gemeinsame Stammform aller rezenten Organis-

menarten. Wenn Sie so wollen, handelt es sich dabei um die Ursuppe organischer Existenz, geprägt von der komplex strukturierten Kreativität eines einzelligen Parasiten."

„Sie meinen", fragte Juri mit zusammengepressten Lippen, „dieses Monster ist Anfang und Ende von Welt?"

Die Stimme des Soldaten zitterte leicht. Doktor Weber atmete hörbar ein, schluckte und zuckte mit den Schultern.

„Über den Anfang können wir nur spekulieren. Aber dass es das Ende allen organischen Lebens auf diesem Planeten sein wird, wenn es ungebremst weiterwächst und sich ausbreitet, steht außer Frage. Es hat, soweit wir das überblicken können, innerhalb von wenigen Tagen über 95 Prozent der regionalen Flora und Fauna absorbiert oder verschlungen. Und die Erde ist nichts anderes, als das: Flora und Fauna."

Ein dröhnender Laut ertönte und fegte über die havarierte, verstrahlte Ebene, als der Koloss die stinkenden Gase des Verdauungsprozesses ausstieß und die skelettierten Gebeine seiner Beutetiere ausschwitzte. Berge von phosphoreszierenden, spröde wirkenden Knochenhaufen umringten den fassförmigen Korpus, sodass sich dem Monsignore der Vergleich eines Schädelbergs aufdrängte, mit einer schwammartigen, schwimmenden Masse aus vage transparentem Fleisch im Zentrum anstelle eines Holzkreuzes.

„Was ist das für Gestank?" Der junge Soldat mit der Skimütze hielt sich eine Hand vor das Gesicht und würgte. „Das stinkt wie Pest!"

„Ammoniak“, erläuterte Dr. Weber dozierend. „Ein Nebenprodukt der Assimilation.“
Der Wissenschaftler ging ein paar Schritte auf das enorme, leuchtend rote Gebilde zu. Selbst hier, aus einer Entfernung von ungefähr 500 Metern, wirkten seine Proportionen und Ausmaße geradezu obszön überdimensional und abstoßend andersartig.
„Es hat die ausgestreckten Tentakel eines ‚Clathrus Oktopodus‘. Aber es hat die dem Teufelspilz eigene typische Rotfärbung. Es ist wie ein Hybrid, aus ...“
„... allem, was es verschlungen hat“, beendete die Astronautin atemlos Dr. Webers Satz. Sie starrte fasziniert in die von Gebeinen übersäte Einöde hinab, in deren Mitte das Wesen wucherte, das sich quasi mit einem Schlag an die Spitze der Nahrungskette katapultiert und den Menschen als dominante Spezies auf dem Planeten Erde verdrängt hatte.
„Clathrus Infernus“, brummte der Monsignore mit heiserer Stimme. „Der Höllenpilz.“
Der ungarische Klotz lachte bellend auf und schlug dem Geistlichen auf die Schulter.
„Ist das genug Hölle für Sie, alter Mann? War es das, was Sie sehen wollten?“
Monsignore De Luca blieb ihm die Antwort schuldig. Er schien im Augenblick gefangen zu sein, gleichermaßen von einer bisher ungekannten, tief verwurzelten, existenziellen Angst geblendet, wie von nahezu religiösem Eifer paralysiert.
„Ich denke, ich nenne ihn einfach Arschloch“, sagte der Gefreite Juri mit ernstem Ton und finsterer

Miene. „Arschloch oder Kurwa. Passt beides."

Mae C. James, die junge Frau, die ins All gereist war, um die Sterne zu sehen, und zurückgekommen war mit etwas, das sie nicht verstand, ging zum KrAZ, das hinter ihnen parkte.

Sie öffnete die rückwärtige Tür, holte einen quadratischen Metallkoffer aus dem Laderaum im Boden und entnahm ihm einen Gegenstand aus Plastik und Kautschuk.

„Was wollen sie mit dem HAMILTON? Sie ..."

Doch dann verstand Dr. Weber, was die junge Frau vorhatte und wozu sie das Atemgerät brauchte.

„Sie brauchen den Sauerstoff für den Weg durch die Ebene, nicht wahr?"

Die junge Frau blinzelte schnell zweimal hintereinander, als müsste sie eine ausgefallene Wimper verscheuchen, und nickte. Ihr Blick war ernst und gefasst, ihre Bewegungen roboterartig zielstrebig.

„Ja, so ist es. Ohne Atemgerät würde ich innerhalb von Sekunden ersticken, ohne es zu merken."

„Aber das ist doch Irrsinn, das ..."

Er suchte nach Worten, doch was er fand, war ihr steter, unschuldiger, sicherer Blick, der von der Unumstößlichkeit ihrer Entscheidung zeugte.

„Das ist Selbstmord. Das wissen Sie, oder?"

„Möglicherweise. Aber es ist auch der Grund, warum ich hier bin. Der Grund, warum wir alle hier sind. Genau hier und heute." Sie seufzte schwer. „Vielleicht hat Dante wirklich von der Zukunft geträumt. Von dieser Zukunft. Von diesem Moment. Von uns."

Dr. Weber rückte seine Hornbrille gerade, sah sie an und lächelte traurig.

„Capisco", sagte der Monsignore und trat auf sie zu. „Ich verstehe. Sie wurden von etwas Göttlichem berührt, um sich etwas Teuflischem stellen zu können."

Behutsam schloss er die junge Frau in seine Arme und hielt sie fest, einen Augenblick, einen Moment, eine Ewigkeit. Dann beschrieb er mit dem Daumen ein Kreuz auf ihrer Stirn, von oben nach unten, von links nach rechts, und küsste sie dann auf beide Wangen, erst links, dann rechts.

„Vai con Dio, figlia mia. Vai con Dio."

Mit sicheren Handgriffen schnallte sie sich den Sauerstoffkanister auf den Rücken, streifte die Atemmaske über, drehte sich um und schritt hinab, hinein in die alptraumhafte Ebene, die gesäumt war mit den Knochen von Braunbären, Wölfen, Bisons, Waschbärhunden, Falken und Wühlmäusen. Gebannt blickten sie ihr nach, wie sie immer tiefer vordrang in die von Flechten überzogene, gefrorene Steppe, mit ruhigen, bedächtigen Schritten und geradem Rücken.

Als sie den leuchtenden Leib des Pilzes erreicht hatte, drehte sie sich ein letztes Mal um und winkte den in der Ferne schwebenden, rotglühenden Klecksen der Gesichter ihrer Reisegefährten zum Abschied zu, wandte sich wieder dem parasitären Fremdkörper zu, der vor ihr aufragte wie eine Wand, und atmete tief ein.

Dann machte sie einen Schritt vorwärts. Hinein in die an Blut erinnernde faserige Ökosphäre des Myzets, die sie im selben Augenblick zu zersetzen und in Nährstoffe aufzuspalten begann, als sie aufhörte, in der diesseitigen Welt zu existieren.

Es frisst. Die sich ihm darbietenden Nährstoffe / Güter / chemischen Bestandteile umwandelnd / justierend / personalisierend saugt es die vorhandenen erreichbaren Quellen / Vorräte / Reserven auf, als etwas die Ordnung / Prinzipien / Funktionen stört. Worte bilden sich in seinem sich selbst lediglich rudimentär bewussten Geist, die es verwirren und seinen Blick / seine Position / Ansicht auf seine grundlegenden / genetisch programmierten / vorbestimmten Motivationen trübt / verzerrt / pervertiert von Gesetzen / Normen / Werten der Demut / Akklamation / Nächstenliebe.

„Und dem Tod soll kein Reich mehr bleiben."

Innehaltend / ausharrend / wartend.

„Und die nackten Toten, die sollen eins,"

Perplex / analysierend / lernend.

„Mit dem Mann im Wind und im Westmond sein."

Sich verändernd / anpassend / adaptierend.

„Blankbeinig und bar des blanken Gebeins,"

Das Opfer annehmend.

„Ruht ihr Arm und ihr Fuß auf Sternenlicht."

Sich selbst aufgebend.

„Wenn sie irr werden solln sie die Wahrheit sehn."

Schlafend.

„Wenn sie sinken ins Meer solln sie auferstehn."

Träumend.

„Wenn die Liebenden fallen – die Liebe fällt nicht."

Sterbend.

„Und dem Tod soll kein Reich mehr bleiben."

„Ist es vorbei?"
Dr. Weber und der Monsignore beobachteten auf dem Bildschirm, wie die gleißenden Auswüchse des Pilzes sich immer schneller ins Zentrum zurückzogen, ein letztes Mal aufflackerten und schließlich verloschen.
Die hellrote kochende Fleischmasse in der Ruine des Reaktors zerfiel, verging, löste sich auf, schrumpfte in sich zusammen und trocknete mit knisternden Geräuschen aus.
Das Ungetüm starb.
Die ukrainischen Soldaten lachten euphorisch. Sie tanzten, applaudierten und lagen sich mit Freudentränen in den Armen.
Monsignore Roberto De Luca fasste den deutschen Wissenschaftler an der Schulter und sagte mit einem Lächeln: „Acqua cheta rompe i ponti", und ergänzte, als er seinen fragenden Blick bemerkte: „Stilles Wasser bricht die Brücken."

Sie schläft. In ihren Träumen ist sie erwacht.

Niemandsland

„Der Traum ist eigentlich immer der gleiche. Ich wache auf. Es ist heiß. Es regnet Asche. Ich blicke mich um. Der Himmel steht in Flammen. Das Licht der Sonne brennt auf meiner Haut. Ich sehe die Leichen. Sie ... sie sind überall. Sie stapeln sich in den Gassen, liegen am Straßenrand und auf den Plätzen, in Bombenkratern und zerschossenen Ruinen. Überreste. Zerstört und vernichtet. In den Erdboden gebombt. Alles ... alles ist schwarz. Pechschwarz. Verbrannte Erde. Asche. Die Spuren von Kettenfahrzeugen im Asphalt."

Peyton schluckte.

„Die Ruinen einer leeren Welt."

Er drehte den Kopf und blickte Frau Dr. Holgersson emotionslos an. Eine verwegene schwarze Haarsträhne hing vor seiner Stirn. Sie folgte der Bewegung seines Kopfes.

Die junge Frau blinzelte aufmerksam. Sie trug einen schlichten, androgyn geschnittenen hellblauen Zweireiher aus Leinen, ein weißes Hemd und sportliche eierschalenfarbene Sneakers mit dunkelblauen Schnürsenkeln. Ihre langen blonden Haare hatte sie kunstvoll mit ihrem Haupthaar verflochten.

„Eine Welt wie ein Grab. Ein gigantisches Massengrab, so tief, dass Sie 's sich nich vorstellen können, Doc."

Peytons Blick flackerte. Seine Haut war leichenblass. Er sah abgemagert aus. Seine Blue-Jeans schien ihm zu groß zu sein. Er trug ein weißes T-Shirt, das einen Adlerkopf zierte, und sandfarbene

Boots mit dicken karmesinroten Schnürsenkeln. Regungslos lag er auf der pastellfarbenen Ottomane gegenüber der Fensterfront und starrte an die Decke. Frau Dr. Holgersson saß mit kerzengeradem Rücken auf einem einfachen Holzstuhl an seinem Kopfende und war seinem Gesicht zugewandt, sodass er sie sehen konnte.

Zu ihren Füßen lag die Stadt.

Der Verkehr der Weltmetropole glich leuchtenden Blutkörperchen, die durch ein weit verzweigtes Netzwerk von Adern und Arterien aus Beton und Teer flossen. Eine Gänseschar zog mit schnatternden Rufen vorüber. Sonnenlicht spiegelte sich glitzernd in den Fensterscheiben des nahegelegenen Fernsehturms.

Schwarze Windräder rotierten in der Ferne vor der maritimen Bläue des Himmels. Auf der linken Seite war das Brandenburger Tor zur erkennen. Es war sehr klein.

In der Tiefe, jenseits des Fluchtpunktes der Planetenkrümmung, formierten sich gewaltige Wolkenmassive. Die gipsweißen Linien von Passagierflugzeugen zerschnitten in Zeitlupe den Himmel. Sie schienen über das Ultramarinblau der Atmosphäre zu kriechen wie Käfer auf einer gläsernen Kuppel.

„Eine Welt ... nach dem Krieg. Dem letzten Krieg. Der 17. März 2026. Der Tag, an dem ...“

Er stockte.

Durch das gekippte Oberfenster wehte milde Frühlingsluft herein. Jemand rief etwas. Eine Hupe ertönte. Jemand schrie eine Antwort.

Ein Windspiel erklang, blechern und hohl. Eine

dissonante Abfolge wahllos kombinierter Töne, deren dramaturgisches Muster keinerlei erkennbarer Logik folgte.

„... an dem es passieren wird."

„Was wird passieren, Peyton?"

„Ich meine das Ende, Doc. Das Ende der Welt. Apokalypse. Fallout. Nuklearer Winter. Finito. Schicht im Schacht. Rien ne va plus. Nichts ... geht ... mehr." Er seufzte schwer.

„Es ist, wie William Shakespeare mal gesagt hat."

„Ach. Was hat er denn gesagt?"

„Die Zeit des Jahres kannst du in mir sehn, da an den Bäumen kaum noch Blätter prangen. Da kahle Äste sich im Winde drehn. Geborstne Dome, wo einst Vögel sangen."

Die Psychotherapeutin lächelte verhalten.

„Ich habe auch ein Zitat für Sie, wenn Sie mögen."

Peyton drehte den Kopf blickte sie an.

„Nur zu, Doc."

„Was man tief in seinem Herzen besitzt, kann man nicht durch den Tod verlieren."

Krähenfüße gruben sich in ihre Augenwinkel. Ihre Sommersprossen waren von einem satten Saturnrot. Sie sahen aus wie Blutspritzer. Auf ihren Knien lag ein aufgeschlagenes zerfleddertes, in braunes Leder gebundenes Notizbuch. Es schien sehr alt zu sein. Es war sehr dick.

„Wer hat das gesagt? War das Hemingway? Das klingt nach Hemingway."

„Fast", lachte sie. „Es war Johann Wolfgang von Goethe."

Er schien darüber nachzudenken.

„Und was war dann? Was haben Sie dann gesehen,

Peyton?“

Er starrte an die Decke, scheinbar ins Nichts. Seine Stimme war das akustische Pendant der defensiven Embryonalhaltung eines Ertrinkenden.

„Den Tod, ich habe ... den Tod gesehen.“ Er schluckte, kämpfte mit den Tränen. „Er kam, nahm sich, was er verlangte und ... ging wieder. Er ...“

Frau Dr. Holgersson räusperte sich. Wie beiläufig nutzte sie die Stille der Pause, um ihre Gedanken zu Papier zu bringen.

Auf der Abstellfläche des Beistelltisches neben ihr stand ein antiker goldener Wecker mit kugelrunden Glockenschellen. Sein Ticken glich auf merkwürdige Weise dem schnatternden Zirpen eines Insekts.

„Er war ... ein Schatten. Ein Schatten aus der Zeit.“

Sie schrieb etwas auf und unterstrich es. In ihrem Blick lag wissenschaftliche Neugier, aber auch die entwaffnende Ungeduld eines Kindes, gepaart mit dem gesammelten Wissen eines halben Menschenlebens.

„Und was kam dann, Peyton? Versuchen Sie, sich zu erinnern. Was haben Sie dann gesehen? Als das Armageddon tobte und die Welt den Bach runterging. Was haben Sie gesehen, als der Tod kam und wieder ging? Was hat er mitgenommen und was ... hat er mitgebracht?“

Peyton wand sich auf der Ottomane.

„Ich ... ich weiß es nicht.“ Sein Gesicht war zu einer Fratze purer Furcht verzerrt. Er schluchzte hemmungslos. „Wirklich nicht ... ich ... verstehe die Welt nicht mehr.“

Er atmete schwer und kraftlos.

„Diese armen Menschen. Diese vielen armen Menschen, die sie da töten. Die sie erschießen in ihren Wohnzimmern, beim Spazierengehen, auf dem Weg zur Schule. Die sie mit Raketen und Granaten beschießen, die sie foltern und bei lebendigem Leib in Stücke hacken. Männer. Frauen. Kinder ..."
Er stockte.
„Es ist so, dass ... also ich habe mir Gedanken gemacht. Über die Toten, die in den Straßen verwesen und an denen sich die Streuner und Ratten laben. Über die Kindergärten und Kliniken, die sie bombardieren. Über die Konvois, auf die sie das Wort ‚Kinder' geschrieben haben und die trotzdem beschossen werden. Und ... diese Kinder, diese ... armen Kinder. Die haben doch gar nichts falsch gemacht, sie ... waren nur zur falschen Zeit am falschen ... Ich meine ... sagen Sie mir, Doc, wer zur Hölle tut so etwas Schreckliches? Wer ist dazu fähig? Wissen Sie, wer?"
Sie schüttelte den Kopf.
„Der Teufel, Doc. Der Antichrist. Nur das absolut Böse tut solche ... Dinge."
Er schnaufte entrüstet.
„Und dann wird überall behauptet, dass Putin die alleinige Verantwortung trägt und das russische Volk nichts für diesen Krieg kann, aber ich sage Ihnen, dass das Unsinn ist."
„Der Schlaf der Vernunft gebiert Ungeheuer."
„So ist es, Doc. Es reicht aus, dass das Gute untätig bleibt und zusieht, während das Böse siegt."
Müde schüttelte er den Kopf und atmete schwer.
„Lassen Sie uns etwas anderes versuchen. Einverstanden, Peyton?"

Sie suchte Augenkontakt.
„Lassen Sie uns einen Schritt weiter gehen. Sie und ich. Gehen wir ... tiefer."
Ihre Stimme veränderte ihre Klangfarbe.
„Ich werde jetzt bis drei zählen. Auf gar keinen Fall bis vier."
Sie machte eine Kunstpause.
„Wenn ich bis drei gezählt haben werde, werden Sie einschlafen, hören Sie? Sie werden draußen sein. Im Niemandsland. Im Morgen. Sie werden alles sehen, was Sie sehen sollen und müssen und Sie werden sich an alles erinnern, was Sie dort sehen werden. Haben Sie das verstanden?"
Frau Dr. Holgersson konnte seine geflüsterten Worte von seinen Lippen ablesen.
Sie schnippte mit den Fingern.
„Eins. Ihre Augen werden müde."
Sie schnippte erneut mit den Fingern.
„Zwei. Sie sinken tiefer."
Fingerschnippen.
„Drei ..."

Atemlos läuft er den Schlossplatz entlang. Das martialische Heulen der Sirenen peitscht ihn unerbittlich vorwärts. Hinter ihm liegt die Welt in Trümmern. Er rennt mit dem Mob. Die Körper der panisch durch die Straßen flüchtenden Menschenmassen reißen ihn unbarmherzig mit sich.
Als sie die Brücke passieren, hören sie hinter sich die Kinschal einschlagen. 480 Kilogramm Sprengstoff detonieren. Die Eruption schlägt ein fünf Meter tiefes und 35 Meter breites Loch in die Straße. In einem einzigen Augenblick reißt die Explosion

21 Menschen in den Tod.
Krachend stürzt ein mehrstöckiges Wohnhaus splitternd in sich zusammen und begräbt die Bewohner, die im Keller kauern, unter seinen Trümmern. Hyperschallraketen pfeifen mit über 5000 Stundenkilometern heran. Mit ohrenbetäubenden Geräuschen schlagen sie im Tränenpalast ein. Das Gebäude hört buchstäblich von einem auf den anderen Moment auf zu existieren.
Die verzerrte Rückkopplung eines übersteuerten Lautsprechers dröhnt durch die Straßen. Sie klingt wie ein elektronischer Schrei.
Keuchend und mit zittrigen Knien überquert er die Brücke über die Spree, nur Sekunden, bevor die Artillerie sie pulverisiert.
Maschinengewehrfeuer ertönt. Ein Stakkato, das die Welt in Stücke reißt. Kugeln schlagen prasselnd ein. Um ihn herum gehen schreiende Menschen getroffen zu Boden. Er nimmt sie als amorphe Schatten wahr. Gesichtslose Statisten, die sich einfach fallen lassen.
Der Horizont steht in Flammen.
Eine gewaltige Detonation lässt die Erde erzittern. Ihr folgt eine Vibration, die an Intensität zunimmt und die er in seinen Eingeweiden spüren kann. Eine Druckwelle aus Rauch, Stahl und menschlichen Überresten rast auf ihn zu. Er keucht, bleibt stehen und holt Luft. Sie schmeckt salzig. Er läuft weiter, biegt ab, rennt eine Gasse entlang, biegt wieder ab auf die Hauptstraße und erreicht nach Atem schnappend den Pariser Platz. Die nukleare Druckwelle macht die Hauptstraße dem Erdboden gleich und fegt an den Gassen vorbei.

Hinter sich hört er Berlin Mitte implodieren.
Die Druckluftbombe erzeugt eine Aerosolwolke über der Französischen Straße, die ungleich kleiner ist als der pilzähnliche Rauchkegel der taktischen Nuklearrakete, die das Scheunenviertel ausradiert hat.
Die Wolke entzündet sich. Ein abruptes, lautes Geräusch ertönt, ähnlich eines Überschallknalls. Ein Sog setzt ein und lässt ein Vakuum entstehen. Jedweder Sauerstoff in einem Radius von 575 Metern wird vollständig absorbiert.
Er stolpert, überschlägt sich fast, hält sich an einer Laterne fest, wirbelt herum und rennt weiter, Richtung Reichstagsgebäude. Schon von weitem sieht er, dass es brennt. Krachend stürzt es in sich zusammen. Er stöhnt auf und läuft weiter. Seine linke Seite schmerzt. Sein Schädel pocht. Er strauchelt, fängt sich, wird angerempelt, geschubst, taumelt, rennt wieder mit der Meute.
Als sie das kleine Café passieren, in dem er Marie kennengelernt hat, will er stehen bleiben, doch die Leiber der Flüchtenden und Schutzsuchenden treiben ihn unerbittlich vorwärts.
Er verliert das Gleichgewicht.
Er taumelt.
Er stürzt.
Turnschuhe trampeln an seinem Gesicht vorbei. Armeestiefel. Flip-Flops. Jemand weint lauthals. Irgendwo bellt ein Hund. Vor seinen Augen fällt ein Plüschhase zu Boden. Gedankenlos hebt er ihn auf, erhebt sich wieder und blickt den fliehenden Schemen hinterher. Sie strömen ungebremst an ihm vorbei, wie Wasser um einen Stein.

In ihrer Panik ist es ein Urinstinkt, dem sie folgen. Der Fluchtinstinkt. Überlebenwollen um jeden Preis. Koste es, was es wolle.
Er dreht den Kopf und blickt sich um, versucht, sich zu orientieren. Der Schmerz in seinem Kopf ist zu einer handfesten Migräneattacke geworden. Sie pulsiert in schmerzhaften Wellen hinter seinen Augen.
In den Rinnsteinen liegen leblose Körper. Hunderte von ihnen. Sie wirken, als würden sie schlafen.
Hinter ihm verschlingt die Druckwelle der Atombombe die Innenstadt und das Oranienburger Tor. Wie ein Schwall füllt sie die Häuserschluchten aus, steigt in die Höhe und verdunkelt das Licht der Sonne.

„Guten Morgen."
Finger schnippten vor seinen Augen.
„Hallo?"
Peyton zuckte zusammen, blickte sich um und hielt sich an der Tischplatte fest.
„Erde an Peyton. Jemand zuhause?"
Marie wedelte mit der Hand vor seiner Sonnenbrille. Eine verirrte Locke lag auf ihrer Wange wie eine Blindschleiche. Ihre erdbeerroten Lippen umspielte ein verkniffenes Grinsen.
„Schläfst du oder langweilst du dich?"
Peyton setzte sich auf, nahm die Sonnenbrille ab und rieb sich erstaunt die Augen.
Er blinzelte verwundert, als ob er sich nicht sicher war, wo er sich befand, so als sei er aus einem Traum erwacht.

Eine Bedienung schwebte an ihrem Tisch vorbei. Ihre schwarzen Haare waren hochgesteckt. Ihre Augen waren kastanienbraun. Sie ignorierte sie und entschwand schwungvollen Schrittes Richtung Küche.
Vor ihm auf dem Tisch stand ein dampfender Becher Kaffee. Ruckartig hob er den Kopf.
„Ja … ehm. Nein … ich … wie bitte?“
Er blinzelte verschlafen.
Das Café war so gut wie leer. Flatternd wälzte ein quietschender Ventilator an der Decke die stickige Luft um. Es roch nach frischgebackenem Kuchen, geröstetem Kaffee und einem merkwürdigen Aroma, das einen salzigen Nachgeschmack auf seiner Zunge hinterließ.
„Ich hab gefragt, ob du Onkel Albert schon angerufen hast, um ihm zum Geburtstag zu gratulieren. Er is doch so pingelig, wenn 's um seinen Geburtstag geht. Weißt du doch.“
Er konnte sie nur anstarren. Ihr rotes Haar schien im grellen Licht der Mittagssonne zu brennen.
„Nein, hab ich nich.“
Er beugte sich vor, nahm einen Schluck Kaffee, stellte den Becher auf den Tisch und lehnte sich wieder zurück. Der Holzstuhl knarrte unter seinem Gewicht. Gedankenverloren blickte er zur Decke. Eine Motte flatterte aufgeregt im Lampenschirm. Mit klimpernden Geräuschen flog sie immer wieder gegen die Glühbirne.
„Bin irgendwie … nich dazu gekommen.“
„Hol das bald nach. Du weißt doch, wie er is. Das wird er dir ewig vorhalten.“
Auf eine fast zweifelnde Art und Weise verzog er

das Gesicht und blickte schwer atmend aus dem Fenster. Die Sonne blendete ihn. Der Himmel war wolkenlos.
Er hörte das Läuten einer Glocke und das Zwitschern von Rotkehlchen. Von seinem Platz aus konnte er Madame Tussauds sehen. Ein Fahrradkurier in gelber Uniform raste zielsicher durch die Menschenmassen der Spaziergänger und Berufspendler. Paare standen händchenhaltend vor den Schaufenstern.
Irgendjemand spielte ein Lied auf einer akustischen Gitarre. Irgendwas von Bob Dylan, bei dem es um eine Himmelspforte ging, aber er kam nicht auf den Titel.
„Hallo?"
Peyton drehte sich zu ihr um und blickte ihr in die Augen.
„Also ... was war das nochmal ... im Mittelteil?"
„Och, Mann, du hast mir überhaupt nich zugehört! Ich rede und rede und rede und schütte dir mein Herz und meine Seele und all das aus und du ... du bist mal wieder irgendwo anders. Irgendwo in deiner eigenen Dimension."
„Ich ... ach, Baby. Entschuldige. Was ... hast du gesagt?"
„Na, mein Regenmantel. Die Bestellung. Hab ich doch erzählt."
„Okay. Was is damit?"
„Na, es war halt 'ne Unverschämtheit. Ich suche im Internet nach einem grünen Regenmantel, der zu meinen neuen Schuhen passt. Ich werde fündig. Ich bestell das Ding bei ‚Wünsch Dir Was', überweis das Geld und warte. Und warte. Und dann?

Was passiert? Was krieg ich?“
„Keine Ahnung.“
„Ich geb dir ’nen Tipp. Es war definitiv kein Regenmantel.“
„Ein Sonnenschirm vielleicht?“
„Ha! Nein. Aber fast.“
„Soll heißen?“
„Ich krieg einen riesigen Karton angeliefert, in dem ein Karton steckt, der sich ebenfalls in einem Karton befindet. Darinnen finde ich ein hautenges Latexkleidchen für Frauen unter einem Meter fünfzig. Der Mantel hätte 200 Tacken kosten sollen, aber für diesen komischen Sado-Maso-Fetzen wollen die doch sage und schreibe ... hey. Alles in Ordnung?“
„Ich ... ach, Baby. Ja, alles gut. Ich glaub, ich ... ich hab wohl nich richtig geschlafen, oder so. Das is alles so ... also, ich mein ... kennst du das vielleicht, wenn du träumst und das, was du geträumt hast, passiert dann in echt? Und zwar haargenau so, wie du es geträumt hast? Mit allem Drum und Dran?“
„Kann sein. Weiß nich. Warum?“
„Ich hab das die ganze Zeit über. Die ganze verdammte Scheißzeit!“
Er hielt inne und starrte auf den Kaffeebecher.
„Manchmal weiß ich gar nich mehr, wo der Alltag aufhört und der Alptraum beginnt. Was ist Fantasie und was real? Ich mein, bist du real? Bin ich es? Sitzen wir wirklich gerade hier oder sind wir nur die Protagonisten der Geschichte eines anderen?“
Sie schien über seine Frage nachzudenken.
Dann beugte sie sich vor und küsste ihn auf den Mund.

„Das war real“, sagte sie lächelnd und blinzelte ihm zu.
Er atmete hörbar aus und fuhr sich verlegen durch das Haar. Seine schwarze Haarsträhne wippte verwegen vor seiner Stirn.
„Definitiv“, lachte er. „Das war es.“
Eine Hupe ertönte. Sein Lächeln erstarb. Erschrocken fuhr er herum.
„Hey. Is alles okay mit dir? Du siehst nich gut aus.“
Ihr Blick hatte etwas Trauriges. Die Sorge in ihrer Stimme war wieder da.
„Alles bestens, Baby.“
„Hast du noch diese Träume?“
„Weltuntergang?“
Sie nickte zurückhaltend. Ihre Augen waren reinstes Azurblau.
„Träumst du immer noch davon? Von der leeren Welt? Und von den Bomben?“
Er haderte. Etwas schien über seinen Rücken zu kriechen, etwas Nasses und Kaltes, das ihm eine Gänsehaut über den Körper jagte.
„Manchmal. Ja ... manchmal tue ich das wohl.“
Er versuchte zu lächeln, doch es misslang ihm.
„Auch von ihr? Von dem kleinen Mädchen mit den komischen Zöpfen?“
Der hohle, blecherne Klang eines Windspiels ertönte.
Aus dem Kontext gerissene Gesprächsfetzen der Nachbartische drangen an sein Ohr. Sie klangen auf eine eigentümliche Weise verschwörerisch. Das scharfe, konkrete Ticken einer Uhr hallte verloren durch den Raum.
„Ich weiß nich, Baby. Irgendwie ... ich weiß nich.“

Er sah sie an. Ihre Augen standen in Flammen. Sie glühten förmlich in ihrem Schädel.
Ihre Gesichtshaut wurde spröde und warf Falten, trocknete aus und bekam Risse, die sich über ihre Stirn zogen. Ihre Gesichtszüge verschoben sich. Mit einem reißenden Geräusch rutschte ihre zerfetzte Visage herunter und fiel zu Boden.

Er rennt mit wedelnden Armen an der Gertrud Kolmer Straße vorbei, läuft die Hannah-Arendt-Straße hinunter und biegt ab auf die Wilhelmstraße, ist eins mit dem Mob. Bombenkrater erschweren ihre Flucht.
Die verminten Bereiche in der Leipziger Straße und in der Nähe des Potsdamer Platzes halten sie auf. Blanke Gebeine pflastern die Straße.
Die nukleare Feuersbrunst schiebt sich durch die Gassen. Sie verschlingt alles auf ihrem Weg.
Die unablässig herabfallende Asche sieht aus wie grauer Schnee. Ausgebrannte Fahrzeuge blockieren die Ebertstraße. Keuchend verlassen sie die Wilhelmstraße wieder und biegen auf den Schiffbauerdamm ab. Auf der Spree steht eine ölige, fluoreszierende Flüssigkeit auf der Wasseroberfläche in Flammen. Das gleißende Feuer lodert weit über die Dächer des Berliner Ensembles und des Reichsbahnbunkers hinaus.
Die scharf konturierten Scherenschnitte von Wetterhähnen und Kreuzen schweben in den Flammen über den Dächern. Kampfflugzeuge jagen über ihre Köpfe hinweg, werfen ihre Fracht ab und verschwinden mit Überschall in der Ferne der Skyline. Mit einem absteigenden, pfeifenden Ton

stürzen die Bomben Richtung Erdkern.
Die Explosionen legen den Friedrichstadtpalast, die Kalkscheune und das Bundesministerium für Gesundheit in Schutt und Asche. Im Zickzack läuft er um die Körper der Gefallenen herum. Sie liegen überall verstreut. Zu viele, sie zu zählen.
Unvermittelt erleuchtet ein greller Blitz den Himmel. Ein grünlicher Schimmer schiebt sich über die Stratosphäre.
Der Mob ist verschwunden.
Er ist allein mit den Toten.
In der Ferne rattert Sperrfeuer. Haubitzen werden abgefeuert. Submunition detoniert. Das vielstimmige Heulen der Sirenen ähnelt Klagelauten.
Die Kakophonie der Schreie, Schüsse und Sirenen gleicht einem musikalischen Trio.
Wie in Zeitlupe dreht er den Kopf und blickt über seine Schulter, wie Lot es tat.
Die Welt ist ein flammendes Inferno.
Eine Hitzewelle lässt das Holocaust-Denkmal in Flammen aufgehen. Sie schiebt sich über die Behrenstraße gen Westen, setzt den großen Tiergarten in Brand und macht aus den rennenden Menschentrauben kriechende Scheiterhaufen.
Er will weiterrennen, als er spürt, wie ihn etwas packt. Verwundert blickt er nach unten. Etwas hält ihn am Fuß fest. Etwas Nasses und Kaltes, das ihn an einen Fisch erinnert.
Ein glatzköpfiger, hagerer Mann starrt mit leuchtenden Augen zu ihm herauf. Sein Unterkörper ist unter einem Autowrack eingeklemmt. Er ist nackt. Violette Adern zeichnen sich auf seiner blassen Haut ab. Anstelle von Armen hat er Tentakel.

Mit panischen Tritten löst er sich aus der Umklammerung. Die Saugnäpfe der Tintenfischarme lösen sich schmatzend von seinem Knöchel. Er stolpert nach hinten, strauchelt, fällt.
Mit schnellen, hektischen Bewegungen vergrößert er kriechend die Distanz zwischen sich und dem Oktopus-Ding, das mit wedelnden Armen nach ihm greift. Panisch schnappt er nach Luft und richtet sich auf.
Ein Geräusch lässt ihn herumfahren.
Unter der Unterführung steht jemand. Eine Gestalt. Ein kleines Mädchen. Es hat zwei geflochtene Zöpfe. Sie stehen von seinem Kopf ab. Seine Augen scheinen in der Finsternis zu leuchten. Sein Kleid ist pures Nepalgelb. Der Saum des Kleides bewegt sich leicht in der atomaren Brise, die der Druckwelle folgt. Wo sein Mund hätte sein müssen, sitzt der stachelartige Rüssel einer Trauerfliege. Seine Arme sind die chitinösen sichelartigen Hackwerkzeuge einer Gottesanbeterin.
Mit ruckartigen, abgehackten Schritten humpelt das Ding schnatternd auf ihn zu. Ein aufgezogenes Spielzeug, das stumpf dem Willen der Zahnräder und Mechaniken in seinem Inneren folgt.
Das Wesen bleibt unvermittelt stehen. Es schüttelt sich. Er hört das Zerreißen von Stoff und Fleisch. Ein halbtransparentes Flügelpaar erblüht am Rücken des Mädchens. Entsetzt weicht er zurück, als er über einen Gegenstand stolpert, der auf der Straße liegt.
Ein WAC-47.
Das Fliegenmädchen knurrt. Seine Bewegungen werden schneller. Ekstatischer. Die Sicheln seiner

Gliedmaßen zerhacken den Asphalt, als es schnatternd auf ihn zuläuft.
Er bückt sich, greift sich das modifizierte Sturmgewehr, lädt durch, löst die Sicherung und legt an. Irgendwo bellt ein Hund. Seine Hand zittert. Schweiß läuft ihm ins Auge. Er wischt ihn mit dem Handrücken weg.
Eine Explosion erschüttert die Stadt. Die Erde erbebt. Eine Rauchwolke steigt auf.
Das Mädchen erhebt sich in die Luft. Seine Klauenarme sind hoch über seinem Kopf erhoben. Er atmet tief ein, hält kurz inne und drückt exakt in dem Augenblick ab, in dem er ausatmet.
Der Rückstoß der Waffe reißt seinen Arm in die Höhe. Ruckartig zieht er den Lauf gen Himmel, sodass aus der punktgenauen Feuersalve eine aufwärts gerichtete Kurve wird. Mit einer Mündungsgeschwindigkeit von 689 Metern pro Sekunde verlassen die doppelt ummantelten nickelbeschichteten Hochgeschwindigkeitsgeschosse den Lauf der Waffe und pfeifen durch die Luft. Ein Schwert aus Kugeln Kaliber 6,2 Remington SPC.
Die Projektile zerteilen den Körper des Mädchens, das ihm entgegenfliegt, mit einem sauberen, vertikalen Schnitt in der Leibesmitte. Die Körperhälften schlagen links und rechts von ihm auf dem Erdboden auf.
Rauch quillt aus dem Waffenlauf und steigt wie in Zeitlupe empor. Verstört wendet er sich ab. Sein Ekel ringt mit seinem Mitleid und den Überresten seiner Menschlichkeit.
Er rennt weiter. Das Gewehr ist ein kaltes Gewicht in seinen Händen.

Er biegt ab in eine Seitengasse, springt über einen umgeworfenen Kinderwagen und läuft die Wilhelmstraße hinunter, an der brennenden, völlig durchlöcherten Ruine der Kolonnade vorbei.
Erstaunt stellt er fest, dass seine Wangen nass sind. Er weint. Tränen laufen seine schmutzigen Wangen herab. Sie hinterlassen bleiche Spuren in der Asche und dem Blut, die an seinem Gesicht kleben. Explosionen lassen die Erde erzittern.
Erschrocken wirft er sich zu Boden, hält sich die Ohren zu und öffnet den Mund. Die Sirenen heulen in einem fort.
Ein scheppernder Knall ertönt, der Asphalt unter ihm erzittert. Die Maschinengewehrfeuer in der Innenstadt klingen wie der verrückte Trommelwirbel einer Jazzimprovisation von Buddy Rich.

„Die wissen, wie man 'ne Hochzeit feiert, oder? Wie ich immer sage. Hauptsache harmonisch. Entweder janz oder jar nich!"
Magnus Ottersson Junior grinste süffisant. Das Whiskyglas in seiner Hand war halbleer. Träge rollten die Eiswürfel in der trüben Brühe des 75 Jahre alten irischen Single Malts.
Dave Brubecks Piano eröffnete ‚Take Five'. Der Klang des legendären Musikstückes mit der unvergesslichen Saxophonmelodie gab den aus dem Kontext gerissenen Gesprächsfetzen der Partygäste eine beinahe beschwingte Note.
„Mit allem Drum und Dran. Hut ab, fürwahr. Chapeau!"
Er erhob das Glas und nippte daran. Peyton blickte sich irritiert um. Ihm wurde schwarz vor Augen.

Er schwankte und sah sich verwundert um, als wüsste er nicht genau, wo er sich befand, so als sei er aus einem Traum erwacht.
Seine Hände griffen Halt suchend ins Leere.
Jemand stützte ihn am Ellenbogen.
„Was war das?“, fragte Daphne besorgt. „Ist alles gut mit dir?“
„Alles bestens, Schatz, nur ...“
„Nur was?“
„... nichts. Alles gut.“
Sie legte ihre Hand auf seine Wange und lächelte. Ihr Lippenstift hatte die Farbe ihrer Augen.
„Scheiß auf harmonisch“, bellte Onkel Albert forsch. Er kaute enthusiastisch auf einer Minisalami herum, was ihm das Aussehen eines wütenden Hundes verlieh. Sein buschiger Schnauzbart wippte auf und ab.
„Jetz ma Budder bei die Fisch! Man mag es doch eigentlich gar nich harmonisch. Gott! Was is schon harmonisch? Badesalz is harmonisch. Sudoku is harmonisch. Scheiß auf harmonisch! Ich mein, im Grunde lechzen wir doch förmlich nach Dissonanz. Aber nich als Teilhabende, sondern als Zuschauer. Und wenn es dann heißt, wenn jemand was dagegen hat, soll er gefälligst sofort was sagen oder für immer die Fresse halten, will man doch gar nich, dass dann alle ruhig sind. Man will doch, dass dann irgendein Depp aufspringt, zum Altar rennt und ruft: ‚Halt! Ich bin dagegen!‘ Ich mein, man will doch das Drama, die Tragödie und das ganze Elend. Romeo muss sterben, sonst ist Julias Tod belanglos. Judas muss Jesus verraten, damit sie ihn ans Kreuz nageln können. Wir wollen

Drama. Wir lieben Drama. Wir haben Drama einfach drauf. Die Dinge müssen schiefgehn, sonst juckt es kein Schwein. Ich mein, Hand aufs Herz! Niemand will den reibungslosen Start eines Space-Shuttles sehen. Wir alle wollen sehen, wie dat Teil fast die Erdatmosphäre verlässt, explodiert und brennend in den Atlantik stürzt."

Magnus Ottersson Junior gab vor, über die Worte nachzudenken. Der Medienmogul schnalzte affektiert mit der Zunge, kratzte sich am Kinn und hob eine Braue. Sein Revers glänzte wie eine Speckschwarte. Sein eisengrauer Anzug, dessen Farbton der Farbtemperatur seiner Haare glich, war maßgeschneidert. Sein Parfum trug seinen Namen. Seine Krawatte war ein Einzelstück.

„Das Leben in diesen unsicheren Zeiten ist wahrlich eine Divina Commedia", stellte er geistreich fest. „Was Putin natürlich zu Vergil macht und Selenskyi zu Dante."

Gelächter erschallte.

„Inwiefern?", fragte Daphne blinzelnd. Ihre Augen waren kastanienbraun. Ihr halbtransparentes Abendkleid hatte die Farbe von Onyx. Ihre schulterlangen schwarzen Haare waren kunstvoll zu einem Nest hochgesteckt. Die Saphire an ihren Ohrläppchen zerbrachen das Licht der Festbeleuchtung in vielfarbige Prismen.

„Was hat Vergil mit Putin zu tun?"

Der Medienmogul lachte auf. Seine Entourage tat es ihm gleich. Es klang wie ein Echo.

„Auf den ersten Blick nichts", gab er zu, „doch es gibt bemerkenswerte Parallelen. Beide präsentieren sich als Führer durch die Unterwelt. Beide teilen den Willen, den Weg bis zum bitteren Ende zu gehen. Und beide führen diejenigen, die ihnen vertrauen und sich von ihnen führen lassen, unweigerlich und ohne Umweg in die Hölle."

Peyton folgte der Unterhaltung wie ein Zuschauer einem Tennisspiel. Geistesgegenwärtig schnappte er sich ein Sektglas von einem vorbeischwebenden Tablett und leerte es in einem Zug. Er stellte das leere Glas auf einen Beistelltisch, hustete und blickte sich zweifelnd um.

Die Menschen um ihn herum erschienen ihm fremd, so als wären es nicht seine Kollegen, Bekannten und Geschäftspartner, auf deren Hochzeiten er getanzt und denen er auf den Beerdigungen ihrer Lieben kondoliert hatte.

„Oh Gott", raunte Onkel Albert finster. „Er macht es schon wieder."

Magnus Ottersson Junior blinzelte und blickte sich mit geweiteten Augen um.

„Wer macht was schon wieder?"

„Er."

Der kleine alte Mann hob den Zeigefinger und zeigte auf einen älteren Herrn in einem rabenschwarzen Tuxedo, der ihm das Aussehen eines Pinguins verlieh. Der Medienmogul hielt sein leeres Glas in die Höhe und schnippte mit dem Finger. Ein Schatten schlüpfte aus der Menge, schenkte nach und verschwand wieder.

„Lensson?"

Onkel Albert nickte grimmig.

„Lensson!"

Magnus Ottersson Junior machte ein Geräusch, das etwas von einem Räuspern hatte, jedoch bei-

nahe als Stöhnen durchging.
„Du meine Güte! Sicher wird er wieder auf völlig inflationäre Weise irgendein peinliches Gedicht rezitieren, um zu zeigen, wie gebildet er ist. Wahrscheinlich wieder irgendeinen Schwachsinn von Proust oder Bukowski oder einen ähnlichen Mist."
„Hoffentlich nicht schon wieder Shakespeare", bellte Onkel Albert wütend. „Ich kann diese prätentiöse Kacke echt nicht mehr hören!"
Peyton blickte dem Mann hinterher, wie er mit arthritischen Schritten durch den Raum watschelte, dem Mischpult des DJs entgegen.
Der Musiker beugte sich über das Pult. Er und der Alte steckten verschwörerisch die Köpfe zusammen. Sie nickten ein paar Mal.
Der Discjockey reichte dem stellvertretenden Seniorpartner der Anwaltskanzlei ‚Lensson & Svensson' ein kabelloses Mikrofon und nickte eifrig. Dann machte er mit beiden Händen das Daumenhoch-Zeichen. Lensson machte es ihm nach. Er trottete in die Mitte des Raumes zurück, hob den Kopf und lächelte benebelt.
„Hallo? Ist das an?"
Er klopfte auf das Mikrofon.
„Eins, zwei, drei. Hallo? Kann man mich hör'n? Versteht ihr mich?"
Er lachte. Breit grinsend hob er die Hand und grüßte jemanden in der Menge. Eine Rückkopplung zerriss den Äther. Sie erinnerte Peyton an einen elektronischen Schrei.
„Also, bevor ihr euch jetzt alle hoffnungslos die Kante gebt, möchte ich noch ein paar wenige ... Worte ... sagen."

Lensson räusperte sich umständlich, zog ein Taschentuch aus seiner Hosentasche, schnäuzte sich und steckte das Tuch wieder zurück.
„Ein paar wenige Worte, die mein Leben ... verändert ... haben."
Er holte tief Luft. Erwartungsvoll hob er die Augenbrauen. Das Mikrofon in seiner Hand sah aus wie die Fernbedienung einer Stereoanlage.
„Die Zeit des Jahres kannst du in mir sehn, da an den Bäumen kaum noch Blätter prangen. Da kahle Äste sich im Winde drehn. Geborstne Dome, wo einst Vögel sangen. Zwielicht des Tags siehst du in mir, der sacht sich neigt beim Sonnenuntergang nach West und den allmählich schluckt die schwarze Nacht. Tods zweites Ich, das alles still sein lässt. In mir siehst du des Feuers letzte Glut, das auf der Asche seiner Jugend matt wie auf dem Sterbebett verglimmend ruht, verzehrt durch das, wovon's genährt sich hat. Sieh hin, dann wird sich deine Liebe ...", er atmete ein, „ ... weiten und du liebst heiß, was du verlierst ... beizeiten."
Daphne applaudierte begeistert. Ihr Händeklatschen war das helle Klappern von Kastagnetten.
„Das war wunderschön. Das war einfach nur ..."
„Nein!"
Peyton sprang auf.
„Nein, das kann nicht sein! Ich schlafe nicht!"
Die verdutzten Visagen seiner Freunde und Kollegen starrten ihn entgeistert an.
„Ich bin wach! Hört ihr? Ich schlafe nicht! Ich bin wach!"
„Peyton?"
Daphnes Stimme klang besorgt.

„Das ist kein Traum!“
Sirenen begannen zu heulen.
„Es passiert! Es passiert wirklich!“
Er lief zum Fenster. Sein keuchender Atem beschlug an der Scheibe.
„Jetzt und hier! Es passiert!“
Ein Raunen ging durch den Raum.
„Es passiert wirklich!“, rief er mit zitternder Stimme.
„Die Bombe wird fallen! Hundertprozentig! Wir werden alle sterben! Wir alle! Wir sind tot! Ich weiß es, ich ...“
Er schluchzte kraftlos.
„... ich habe es selbst gesehen. Mit meinen eigenen Augen. Wir müssen ... in einen Bunker, wir ... wir müssen ...“
Ein Geräusch verschaffte sich Gehör. Es war das Schrillen eines Weckers.

Peyton öffnet die Augen.
„Schönen guten Morgen, Dornröschen.“
Er reißt den Kopf herum und starrt Frau Dr. Holgersson orientierungslos an. Seine Lippen beben. Er blinzelt verstört und blickt sich panisch um, als sei er aus einem furchtbaren Alptraum erwacht.
„Ausgeschlafen?“
Mit einem Ruck setzt er sich auf und hustet rasselnd. Ein merkwürdiger salziger Geschmack liegt ihm auf der Zunge. Er brennt in seiner Kehle wie etwas Vergorenes. Etwas, das in ihn hineingekrochen ist, um in ihm zu sterben.
Seine rechte Hand klammert sich krampfhaft an der Sitzkante der Ottomane fest. Er atmet schwer.

„Wie lange? Wie lange war ich weg?"
Benommen kratzt er sich am Kopf. Ein stechender Schmerz sitzt hinter seinen Schläfen. Er pulsiert im Takt seines Herzschlages.
„Eine ganze Weile. Aber ich denke, es hat sich wirklich gelohnt. Wir sind heute ein großes Stück weitergekommen, Peyton. Sie und ich. Und genau da müssen wir nächstes Mal wieder ansetzen."
Sie hebt das Kinn und lächelt breit.
„Wissen Sie, Peyton, es ist wirklich erstaunlich. Noch vor wenigen Monaten waren Sie ein Wrack, kaum fähig die Tür des Behandlungszimmers zu öffnen. Und jetzt? Sehen Sie, was Sie erreicht haben. Was wir gemeinsam ..."
Ein Geräusch zerreißt die Stille. Die Luftschutzsirenen des Hauses fangen an zu heulen. Der aufsteigende Ton ihres Dosengesangs lässt die Stadt kollektiv aufschreien.
„Aber ..."
Die Fensterfront ist die Leinwand eines Lichtspielhauses. Sie zeigen einen Kriegsfilm.
Eine Armee von Flugzeugen nähert sich am Horizont. Sie ist so weit entfernt, dass sie sie hinter der Dreifachverglasung kaum hören können.
Raketen schlagen ein.
Granaten explodieren.
Feuer lodern auf.
Lautlos.
Die Therapeutin keucht ein einzelnes, heiseres Wort, das alles zum Ausdruck bringt, was sie in diesem Moment fühlt und denkt.
„Scheiße."
Schwarze Punkte schweben über der Stadt.

Schwarze Punkte fallen herab. Als sie die Skyline berühren, erhellen gleißende Blitze den Himmel.
„Verdammte Scheiße!“
Donner grollt in der Ferne.
„Was ... was verdammt passiert hier gerade?“
Die Erde bebt.
„Das is mein Traum, Doc. Haben Sie mir etwa nich zugehört?“
Sie hält inne, hyperventiliert, erstarrt buchstäblich. Blitzschnell dreht sie sich zu ihm um.
„Ihr Traum!“
Sie lacht irre.
„Natürlich!“
In ihren Augen blitzt nackter Wahnsinn auf.
„Peyton!“
Sie schreit ihn förmlich an.
„Ich werde jetzt bis drei zählen! Auf gar keinen Fall bis vier, haben Sie verstanden? Auf gar keinen Fall bis vier!“
Ein elektromagnetischer Impuls fegt über die Stadt. Als er sie erreicht, können sie ihn in ihren Eingeweiden spüren. Die Lichter erlöschen. Die Sirenen heulen in einem fort.
„Wenn ich bei drei bin, werden Sie verdammt noch mal aufwachen! Im Gestern, hören Sie? Im Niemandsland! Sie werden aus diesem beschissenen Alptraum erwachen, kapiert?“
Die Druckwelle der Explosion breitet sich aus wie eine Seifenblase. Sie wird im Hypozentrum reflektiert und erzeugt eine objektive Primärwelle, die sich nach dem Prinzip des Mach-Effektes mit der subjektiven Sekundärwelle zu einer sich ringförmig ausbreitenden absoluten Endwelle vereinigt.

Das Omega.
Der Horizont vergeht in einem Glühen.
Die Welle trifft die Glasfront des Wolkenkratzers mit voller Breitseite.
Die Fensterscheiben bersten und implodieren nach innen. Eine Detonation erschüttert das Gebäude. Wie in Zeitlupe beginnt es sich zu neigen und langsam mit zunehmender Geschwindigkeit zur Seite zu kippen.
Scheinbar ferngesteuert bewegen sich Gegenstände und Möbelstücke durch das Zimmer. Träge folgen sie den Gesetzen der Schwerkraft und rollen wie von Geisterhand bewegt durch den Raum.
„Geborstne Dome …“, ruft Peyton mit tonloser Stimme. „… wo einst Vögel sangen.“
Er sagt noch etwas, das sie nicht versteht, doch es spielt keine Rolle mehr.
Nichts spielt noch eine Rolle.
Panisch klammert sich Frau Dr. Holgersson an der Tischkante fest. Das Adrenalin lässt sie schier durchdrehen.
Sie keucht wie eine Dampfmaschine. Ihre Stimme ist ein hysterisches Kreischen.
„Eins!“
Peyton schließt die Augen.
„Zwei!“
Eine Gestalt erscheint in der wabernden, flüssigen Schwärze hinter seinen Augenlidern.
Es ist ein Kind.
Ein kleines Mädchen.
Es trägt ein gelbes Kleid.
Seine Augen leuchten in der Finsternis.
„Drei …“

Alexander Klymchuk

Jahrgang 1979, lebt mit seiner Familie in der Nähe von Bad Nauheim.

Vater, Ehemann, Autor, Literaturpreisträger, Erzieher, Musiker, Tischler.

Dank an meine Söhne Elias und Benjamin für den Impuls und die Motivation, tatsächlich weiterzuschreiben, nachdem ich dachte, es wäre alles gesagt;

an meine Tochter Johanna für Inspiration und eine große Portion Anarchie im Alltag;

an meine Frau Viktoria, die Liebe meines Lebens;

an Andreas Dörr, Alexander Knörr, W. J. Marko, Bettina Ickelsheimer-Förster, Michael Siefener, Ellen Norten, Andreas Fieberg, Lyakon Nachtling, Noel d Óc, Anke Brandt, C. Gina Riot, Christoph-Maria Liegener, Nicole Hobusch, Yana Svelush, Maria Weise, Anita Dobes, Melina Coniglio, Ana Juna, Jana Kiwus, Michael Schmidt, Ulrich Gilga, Ana Znidar, Monika Grasl, Liesa Marin, Rudolf Strohmeyer, Frank Kuhn, Richard Häfner, Casy Paix, Bjela Schwenk, Melanie Haupt, Sabine Brandl, Gisela Weinhändler, Lennox Lethe, Eve Grass, Sarah Lutter, Christoph Grimm, Jon Barnis, Jennifer Schreiner, Raissa Moor, Alex die Leseratte, Jo Schuttwolf, Aiki Mira, Silja Zachian, Marcel Zischg, Claudine Adams und Daniel Bieter für die Hilfe, die Anregungen und die Unterstützung;

an Petra Ihm-Fahle für das stets hervorragende und lehrreiche Lektorat;

an Mike Suchanka für die ehrliche Meinung, das fundierte Fachwissen und das Gespür für das Potential, das in einer Rohfassung verborgen ist;

an Patrick Fuchs für das filmreife Erschließen neuer Welten aus der Asche alter Dimensionen, für die Nuancen, das Drama und das Beleben alter und treuer Weggefährten;

und an Dan Simmons, Stephen King, Howard Philipps Lovecraft, Clive Barker, Ted Chiang, Abraham Stoker, Jean-Christophe Grangé, Tim Curran, Anne Rice, Frank Schätzing, Steve Rasnic Tem, Chris Priestley, Sir Arthur Conan Doyle, Mary Wollstonecraft Shelley, Edgar Allen Poe, Auguste Groner, Jonathan Nolan, William Shakespeare, John Ajvide Lindqvist, Douglas Preston, Angela Sommer-Bodenburg, Lincoln Child, John Keats, Ray Bradbury, Ernest Hemingway, Kai Meyer, Kurt Benesch, H. G. Wels, Jeffery Deaver, Roald Dahl, Michael Shea und Nathan Ballingrud für die Welten und Winkel hinter dem Vorhang, für das Grauen, die Ungetüme, die Poesie, die Wahrheit und die Finsternis;

Information:

Alexander Klymchuk https://www.instagram.com/alexander_klymchuk_autor/

Patrick Fuchs https://www.patrickfuchs.eu/

Melina Coniglio https://melinaconiglio.de/

Petra Ihm-Fahle https://schreiben-in-bad-nauheim.de/

p.machinery https://www.pmachinery.de/

Geisterspiegel https://www.geisterspiegel.de/

Shadodex http://www.verlag-der-schatten.de/

Twilight Line-Verlag https://www.twilightline.com/

Roloff-Verlag https://www.verlag-roloff.de/

Elysion-Verlag https://elysion-verlag.de/

Hybrid-Verlag https://hybridverlag.de/

Schreiblust-Verlag https://schreiblust-verlag.de/

Burgenwelt-Verlag https://burgenweltverlag.de/

MUC-Verlag https://www.muc-verlag.de/

Lycrow-Verlag https://www.lycrowverlag.de/

Die vorliegenden Erzählungen erschienen erstmals in folgenden Anthologien:

Teufelswerk in „Daedalos – Der Story-Reader für Phantastik" *Hrsg. Ellen Norten, Andreas Fieberg und Michael Siefener*
(ISBN: 978-3-95765-281-2)

Gegenübertragung in „Erstkontakt" *Hrsg. Andreas Dörr und Alexander Knörr*
(ISBN: 978-3-966890-31-1)

Entfremdung in „Dark Empire"
Hrsg. Anke Brandt
(ISBN-13: 978-3-86473-854-8)

Himmelskörper in „Sci-Fi Anthologie 2021"
Hrsg. W. J. Marko
(ISBN-13: 978-3-75571-588-7)

Tempus fugit in „Geheimnisvolle Gebäude"
Hrsg. Bettina Ickelsheimer-Förster
(ISBN-13: 978-3-98528-016-2)

Blutacker in „13 Urbane Legenden"
Hrsg. Andreas Dörr
(ISBN-13: 978-3-98528-018-6)

Kreuzweg in „Verlockung des Bösen"
Hrsg. Marburger Verein für Phantastik e.V.
Unter dem Titel: Rendezvous mit Freund Hein

https://www.instagram.com/alexander_klymchuk_autor/

https://www.audible.de/pd/Erkerfenster-Hoerbuch/B0BHTNWBFH

https://www.instagram.com/autorandreasdoerr/

https://www.verlag-der-schatten.de/

https://melinaconiglio.de/anthologien/

Es ist der Geist, der führt

Anthologie

https://www.verlag-roloff.de/index.php

https://www.geisterspiegel.de/

https://www.pmachinery.de/imprints/daedalos-story-reader-fuer-phantastik

https://www.lovelybooks.de/autor/Silja-Zachian/

https://www.instagram.com/raissamoor/

https://www.instagram.com/joschuttwolf/

https://www.buechertreff.de/buecher/michael-siefener/

http://defms.blogspot.com/search/label/Zwielicht

https://hybridverlagshop.de/rudolf-strohmeyer/

https://dienerdesordens.at/

https://elysion-verlag.de/

https://burgenweltverlag.de/anthologien/en-passant-die-reisen-des-sherlock-holmes.html

https://www.verlag-der-schatten.de/edition%20moon-flower.htm

https://www.muc-verlag.de/

https://www.instagram.com/lennox.lethe/

https://www.lycrowverlag.de/

https://schreiblust-verlag.de/verlagsprogramm/magie

https://www.facebook.com/ScatoelfenBuecher/

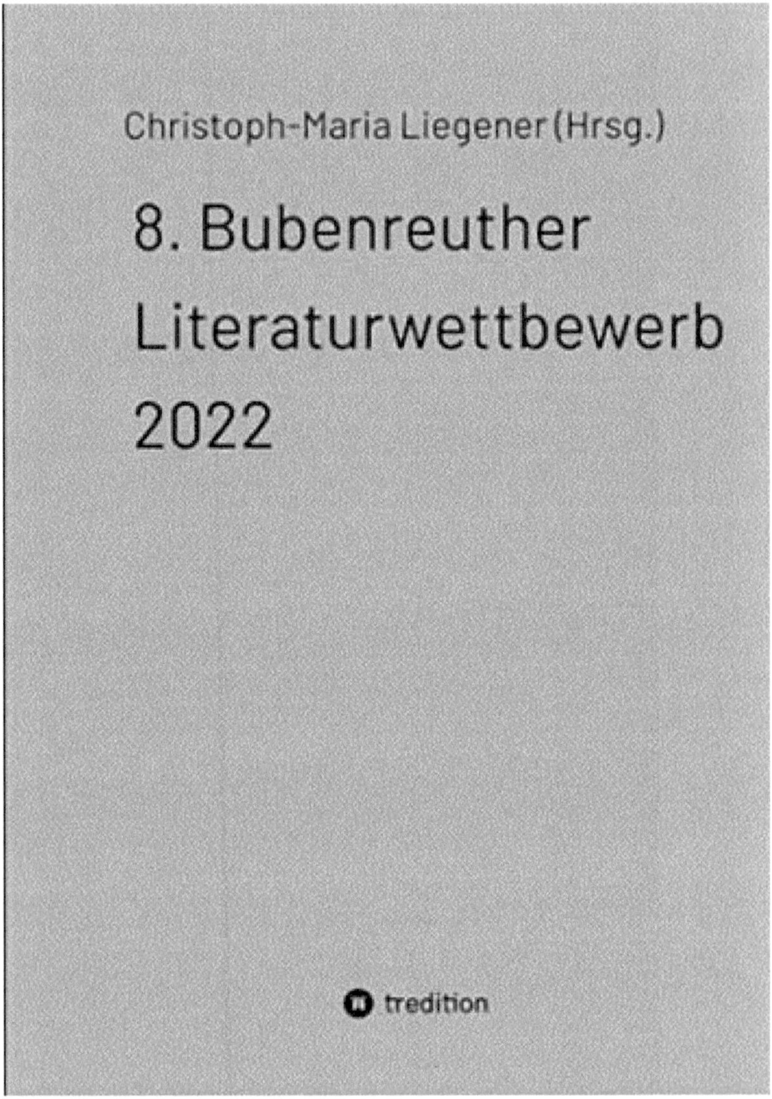

https://liegener.jimdofree.com/bubenreuther-literatur-wettbewerb/

https://hybridverlagshop.de/fantasy-mystery/173/valys-stadt-der-1000-geschichten?c=10

https://weltenportalmagazin.de/das-magazin/